THE 9 TO 5 WINDOW

일터 사역

믿음으로 일터를 변화시키는 일

오스 힐먼 지음 · 조계광 옮김

생명의말씀사

THE 9 TO 5 WINDOW
by Os Hillman

ⓒ Copyright 2005 by OS HILLMAN
Originally published in the USA by Regal Books,
A Division of Gospel Light Publications, Inc.
Ventura, CA 93006 U.S.A.
All rights reserved.

Korean Edition published by Word of Life Press, Seoul 2007.
Translated and published by permission.
Printed in Korea.

일터 사역

ⓒ 생명의말씀사 2007

2007년 7월 1일 1판 1쇄 발행
2024년 7월 24일　　9쇄 발행

펴낸이 | 김창영
펴낸곳 | 생명의말씀사

등록 | 1962. 1. 10. No.300-1962-1
주소 | 서울시 종로구 경희궁1길 6 (03176)
전화 | 02)738-6555(본사) · 02)3159-7979(영업)
팩스 | 02)739-3824(본사) · 080-022-8585(영업)

기획편집 | 김정옥, 윤나영
디자인 | 박소정
인쇄 | 주손디앤피
제본 | 주손디앤피

ISBN 978-89-04-15704-4 (03230)

저작권자의 허락 없이 이 책의 일부 또는 전체를
무단 복제, 전재, 발췌하면 저작권법에 의해 처벌을 받습니다.

일터 사역

믿음으로 일터를 변화시키는 일

머 | 리 | 글

"우리는 다양한 직업과 기술을 가진 평신도가 일터에서 마주치는 기회를 십분 활용할 수 있어야만 비로소 영국의 복음화가 이룩되리라고 믿는다." 『영국의 복음화를 향해』(1945)

만일 기독교인이 깨어 있는 시간의 6, 70%를 보내는 일터에서 하나님의 말씀을 액면 그대로 믿고 삶에 적용한다면 과연 어떤 일이 일어날까?

만일 기독교인이 일터에서 영적 권위를 확립하고 성경의 가치관으로 주위에 영향을 끼친다면 과연 어떤 변화가 일어날까?

만일 기독교인이 과거와는 달리 직장에서 경건한 삶을 실천한다면 과연 어떤 역사가 나타날까?

그렇게만 한다면 사람들의 삶과 일터와 도시는 물론 온 나라가 그리스도의 능력으로 변화되는 역사가 나타날 것이 틀림없다. 다시 말해 "나라이 임하옵시며 뜻이 하늘에서 이룬 것같이 땅에서도 이루어지이다"마 6:10라는 예수님의 기도가 지금 곧 현실이 될 것이다.

종교개혁 당시 루터는 평신도에게 하나님의 말씀을 가까이할 수 있는 기회를 제공함으로써 위대한 공헌을 했다. 이제는 종교개혁의 뒤를 이은 새로운 개혁을 통해 평신도들 사이에서 놀라운 하나님의 역사가 일어나고 있다. 종교개혁 이전부터 전통적으로 유지되어 온 성과 속의 벽을 허물고자 하는 신자의 삶 안에서, 또 그런 삶을 통해 새로운 변화가 일어나기 시작했다.

하지만 아직은 부족하다. 조사에 따르면, 영국의 경우 교회 출석 인구가 전체 인구의 2%에도 못 미친다고 한다. 1945년 『영국의 복음화를 향해』를 통해 경고가 주어졌지만, 당시 기독교 지도자들은 관심을 기울이지 않았다. 그 결과 영국은 거의 세속화되고 말았다. 미국의 경우도 새로운 변화가 모색되지 않으면 머잖아 똑같은 결과를 맞이하게 될 것이다.

그 동안 교회는 연합 기도회, 목회자 연합회, 부흥집회, 중보기도, 영적 지도spiritual mapping와 같은 다양한 종교 활동을 통해 세상을 변화시키려고 노력해 왔다. 그런 활동들은 매우 중요하다. 하지만 단 하나의 도시도 그리스도의 복음으로 변화시키지 못했다. 그 이유는 어디에 있을까?

그것은 바로 교회가 영적 권세를 지닌 신자들을 그들이 속한 거주지와 일터에서 복음의 영향력을 행사하게끔 훈련시키지 못했기 때문이다. 다시 말해, 교회는 지금까지 교회라는 울타리 안에서 신자들에게 도구와 장비를 공급하는 후원 세력으로만 머물렀을 뿐, 그들이 '주님의 군대'라는 사실을 충분히 주지시키지 못했다.

'사역'을 교회 울타리 안에서 일어나는 일로만 생각하는 것은 명백

한 잘못이다. 우리는 IBM과 월마트에서 일하는 근로자, 병원에서 일하는 간호사, 아이들을 가르치는 교사와 같은 직업을 가진 신자들에게 일주일에 최소한 닷새를 출근해야 하는 직장에서의 생활이 교회 사역 못지않은 중요성을 지니고 있다는 점을 일깨워주지 못했다.

조사에 따르면, 전체의 90%가 넘는 신자가 기독교 신앙을 일터에 적용할 수 있는 방법을 교회에서 배우지 못했다고 느끼는 것으로 나타났다. 결국 신자들은 직장이나 일터에서 그리스도의 군사로서 능력 있는 삶을 살지 못하고 있다. 이런 현상은 세속 문화가 하나님 나라의 영적 근간을 계속해서 침해하는 결과를 낳고 있다. 교회가 일터를 변화시킬 수 있는 능력을 갖춘 신자들을 배양하지 못하면, 결국 이 사회 전체를 어둠의 나라에 넘겨줄 수밖에 없다.

본서의 목적은 직업인으로서 하나님의 능력을 경험하는 데 필요한 것이 무엇인지를 깨닫게 하는 데 있다. 대다수의 신자가 직장에서 하나님의 임재를 경험하지 못하고 있다. 그 이유는 어떻게 해야 하나님의 능력을 얻을 수 있는지를 이해하지 못하기 때문이다. 우리는 그 동안 원리적인 문제에만 너무 관심을 기울인 탓에 실은 저마다의 직업적인 소명과 관련해 하나님의 임재를 체험하며 살아가는 방법을 놓치고 말았다.

아울러 직장생활에 적용할 수 있는 새로운 성경의 진리를 배울 수 있는 기회를 제공하는 것이 본서의 목적이다. 본서에는 새로운 유형의 신자들, 즉 답보상태를 극복하고 변화의 주체자로 거듭난 기독교 직업인들에 관한 경이로운 이야기들이 실려 있다. 나는 기존 사회를 뒤집는 놀라운 개혁이 하나님의 역사에 의해 일어나고 있다고 확신한다. 본서는 내가 그런 확신을 가질 수 있는 이유를 알게 해줄 것이다.

　우리 모두 손을 맞잡고 아직 하나님의 나라에 귀속되지 않은 새로운 영토를 정복하는 데 앞장섰으면 하는 바람이다. 분명히 말하지만, 우리의 여정이 끝난 뒤에는 다들 전과는 다른 사람이 되어 있을 것이다.

_ 오스 힐먼

■ 머리글 · 5

PART 1 소명의 발견

1. 사탄의 속임수 · 13
2. 삶의 목적 · 29
3. 목적의 발견 · 41
4. 일터의 증인이 갖추어야 할 자질 · 61
5. 기독교인의 4가지 유형 · 75
6. 율법주의 · 88
7. 새로운 기회 : 일터 · 103

PART 2 하나님의 능력을 일터 속으로

8. 일터에서 하나님의 음성 듣기 · 121
9. 직장 내 중보기도 · 143
10. 하나님이 주신 것만 받으라 · 157
11. 자신을 의지하지 말라 · 170
12. 일터에서 일어난 기적 · 185
13. 도시의 변화 · 198
14. 민족 복음화 · 212

■ 맺는글 : 지팡이의 능력 · 226

PART 1

소명의 발견

UNDERSTANDING YOUR CALL

Chapter 1
사탄의 속임수

"그러므로 형제들아 더욱 힘써 너희 부르심과 택하심을 굳게 하라 너희가 이것을 행한즉 언제든지 실족지 아니하리라 이같이 하면 우리 주 곧 구주 예수 그리스도의 영원한 나라에 들어감을 넉넉히 너희에게 주시리라"(벧후 1:10-11).

내가 존 위깅턴을 처음 만난 것은 1999년이었다. 당시 나는 애틀랜타에서 첫 번째 '직업적 소명 발견을 위한 워크숍'을 진행하고 있었다. 그는 거기에 참석한 사람 가운데 하나였다.

존은 십대 초부터 평범한 직장인을 꿈꾸며 착실히 신앙생활을 하던 전형적인 신자였다. 하지만 고등학교를 졸업한 뒤 전임 사역자의 길을 가야만 하나님을 잘 섬길 수 있다고 생각하게 되었다. 그는 그리스도에 대한 열정을 실현하려면 반드시 목회자나 선교사가 되어야 한다고 믿었다. 그가 다니던 교회의 목회자도 격려해 주었다. 하지만 그런 생각은 사탄의 속임수일 가능성이 없지 않다. 존의 이야기를 직접 들어 보자.

나는 어렸을 때부터 하나님을 열심히 사랑했다. 나는 성경은 물론 신앙 위인들이 저술한 고전을 즐겨 읽었을 뿐 아니라, 비즈니스와 경제 관련 서적에도 관심이 많았다. 중학교 1학년 때는 주식시장에 깊은 관심을 갖게 되었다. 고등학교 시절에는 『월스트리트 저널』을 비롯해 여러 종류의 비즈니스 잡지를 탐독했다.

고등학교를 졸업하던 해 여름, 나의 신앙생활에 새로운 변화가 찾아왔다. 나는 제자 훈련에 관한 책을 여러 권 읽었고, 성경 구절을 많이 암기했다. 대학생활을 시작하기 전에 나는 목사님을 찾아가 내 삶에서 이루어진 하나님의 역사를 언급하며 나의 삶과 미래를 그분께 온전히 바치고 싶다고 말했다. 『월스트리트 저널』이나 『포브스』에 글을 쓰는 것이 내 꿈이었다. 나는 증권 중개인이나 투자 상담가가 되고 싶었다.

하지만 목사님의 생각은 달랐다. 목사님은 하나님이 내게 목회자의 소명을 주셨다고 생각한다고 말했다. 결국 나는 경영학을 전공해 기독교 신앙으로 월스트리트를 변화시킬 수 있는 능력을 키워야 할 4년의 세월 가운데 3년을 성경학교에서 소비하고 말았다.

성경학교를 졸업한 직후 존은 투자 상담 분야에서 일하기로 결정했다. 그는 현재 증권 중개인으로 일하고 있다. 하지만 성경학교를 졸업한 후에 일반 직업을 가진 일 때문에 수년 동안 죄책감에 시달려야 했다. 그는 내가 인도했던 워크숍에 참석하고 나서야 비로소 그런 죄책감에서 벗어날 수 있었다.

'직업적인 소명 발견을 위한 워크숍'에 참석하기 전만 해도 나는 직업 전선에 뛰어든 것이 잘못이라는 그릇된 죄책감에 시달려야 했다. 그러다

보니 신앙생활이나 직장생활에서 무기력함을 느끼게 되었다. 나는 하나님의 뜻이 무엇인지 이해할 수 없었다. 워크숍에 참석하고 나서야 비로소, 어린 시절 이후부터 하나님이 나를 위해 어떤 일을 해오셨으며, 또 나를 어떤 사람으로 준비시켜 오셨는지를 밝히 이해할 수 있었다. 나는 내가 전문 사역자로 부르심을 받지 않았으며, 이미 사역을 행하고 있다는 사실을 깨달았다. 나는 그리스도의 제자로 부르심을 받았고, 내 소명은 바로 비즈니스에 있었다.

존과 같은 사람들이 많다. 나는 비슷한 이야기를 거의 매일 듣는다. 사탄은 직장생활을 하는 기독교인들을 속여 그들의 소명을 영적 관점에서 바라보지 못하게 방해한다. 사탄이 사용하는 거짓말 몇 가지를 간추려 보면 다음과 같다.

- 우리의 직업은 신령하지 않다. 그것은 단지 교회에 바칠 헌금을 벌어들이는 수단일 뿐이다.
- 우리의 직업은 영적 권위를 지니지 않는다.
- 우리의 세속 직업과 교회의 사역은 서로 별개다.
- 교회의 울타리 안에서 이루어지는 것만이 '사역'이다.

더군다나 우리는 영적 헌신이 차지하는 비중이 얼마나 크냐에 근거해 직업의 서열을 은연중에 구분하는 경향이 있다. "런던 현대 기독교 연구소"에서 일하는 내 친구 마크 그린은 그런 예를 다음과 같이 소개한다.

1. 목회자(가장 높은 영적 소명)
2. 해외 선교사
3. 복음전도자
4. 교회의 유급직원
5. 각종 선교단체의 일꾼
6. 주부
7. 배관공
8. 광고업자(법률가 다음으로 가장 낮다.)

마크와 나는 둘 다 광고업자 출신이다. 위의 구분에 따른다면 광고업자였던 우리의 이전 직업은 그야말로 별 볼일 없는 것이다. 하지만 성경은 정직하고 성실한 태도로 마음을 다해 하나님을 섬긴다면 덜 신령하거나 더 신령한 직업은 없다고 말한다.

"무슨 일을 하든지 마음을 다하여 주께 하듯 하고 사람에게 하듯 하지 말라 이는 유업의 상을 주께 받을 줄 앎이니 너희는 주 그리스도를 섬기느니라"골 3:23-24.

배관공, 의사, 비서, CEO 상관없이 무슨 직업이든지 목회자나 전문사역자와 동일한 영적 가치를 지닌다. 진정 중요한 것은 하나님이 부르신 자리에서 그분의 영광을 위해 사는 것이다.

하나님의 소명

하나님의 소명은 어떻게 이루어질까? 성경을 읽어보면 대개의 경우 일상생활을 영위하는 외중에서 소명이 이루어지는 것을 알 수 있다.

베드로는 어부였고, 마태는 세리였고, 누가는 의사였다. 또 바울은 천막 제조업자였고, 예수님은 목수셨다.

모세는 목자로서 평범한 일상을 보내고 있을 때 하나님의 소명을 받았다. 그는 40년 전 히브리 형제를 때리는 애굽인을 살해하고 도망친 후로 줄곧 목자로 살았다. 애굽인의 관점에서 보면 목자는 가장 비천한 직업이었다. 더욱이 그는 당시 모험은 꿈조차 꾸지 못할 80세의 노인이었다. 비유하자면 연금이나 타 쓰면서 아득한 과거의 추억을 되새길 나이였다. 물론 그의 마음에는 자신이 좀더 원대한 일을 하기 위해 태어났을지도 모른다는 생각이 남아 있었을지도 모른다. 하지만 40년 전의 사건은 좋은 의도로 했던 일이 극도로 나쁜 결과를 가져왔다는 회한만을 느끼게 할 뿐이었다.

그런데 평소처럼 자기 일에 충실하여 광야에서 양떼를 돌보고 있을 때 떨기나무에 불이 붙은 광경을 보게 되었다. 놀랍게도 떨기나무는 불타지 않고 있었다. 그 순간 떨기나무에서 음성이 들려왔다. 나는 모세가 있던 곳이 하나님의 산 호렙이었기 때문에 그다지 놀라운 일은 못 된다고 생각한다. 하나님이 말씀하시기에는 그곳보다 더 적합한 장소는 없었을 것이기 때문이다.

그 음성은 바로 하나님의 음성이었다. 하나님은 모세에게 이스라엘 백성을 애굽에서 해방시키라는 사명을 맡기셨다. 하지만 모세는 전혀 관심이 없었다. 그는 하나님과 논쟁을 시작했다. 아마도 그는 자신이 애굽에서 현상 수배 중인 사람이라는 사실을 기억했을지도 모른다. 모세가 한참 이런 저런 핑계를 둘러대고 있을 때 하나님은 불쑥 "네 손에 있는 것이 무엇이냐" 출 4:2고 물으셨다.

chapter 1. 사탄의 속임수

모세의 손에는 목자의 지팡이가 들려 있었다. 그는 어쩌면 '도대체 지팡이가 무슨 상관이람?' 하고 생각했을 것이다. 하나님은 "너는 이 지팡이를 손에 잡고 이것으로 이적을 행할지니라"출 4:17, 강조 첨부고 말씀하셨다.

몇 년 전 어떤 모임에서 히브리인들의 삶에서 지팡이가 차지하는 중요성을 설명하는 강연을 들은 적이 있다. 당시 연사는 구약 시대에 히브리인들이 사용했던 지팡이와 똑같이 생긴 지팡이를 들고 이스라엘에서 막 돌아온 목회자 한 사람을 만났다고 했다. 그는 그 사람을 만나면서 지팡이가 단순히 목자의 도구가 아니라 그 이상의 의미를 담고 있다는 사실을 알게 되었다고 했다. 그의 설명에 따르면, 히브리 목자는 크레오소트와 같은 물질을 지팡이에 발라 평생 사용할 수 있을 만큼 견고한 지팡이를 만들 뿐 아니라, 지팡이 위에서 아래까지 살아오면서 겪었던 중요한 사건과 날짜를 일일이 기록해 놓는다고 한다. 이런 점에서 히브리 목자에게 지팡이는 일종의 일기장인 셈이다.

하나님이 모세의 지팡이로 기적을 베풀고자 하셨다는 사실은 매우 중요하다. 그 이유는 지팡이가 모세의 사역뿐 아니라 그의 삶을 상징하기 때문이다. 지팡이는 모세의 소명, 즉 목자로서의 삶을 상징했다. 이렇게 볼 때 하나님의 말씀은 "네 직업을 통해 내가 기적을 베풀리라."는 의미를 갖는다. 하나님은 모세가 그의 직업을 새로운 관점으로 바라보기를 원하셨다.

기드온의 경우에도 타작마당에서 일하고 있을 때 하나님으로부터 이스라엘 백성을 미디안의 압제에서 구하라는 소명을 받았다. 기드온도 모세처럼 하나님과 논쟁을 벌였다. 그도 역시 자신이 하나님의 도구가 되어 이스라엘 백성을 구원하기에는 역부족이라고 생각했다. 그럼에도 불구하고 그는 하나님께 제물을 드림으로써 그분을 인정했다. 여호와의 사자는 기드온이 드린 제물에 기이한 일을 행했다.

"여호와의 사자가 손에 잡은 지팡이 끝을 내밀어 고기와 무교전병에 대매 불이 반석에서 나와 고기와 무교전병을 살랐고 여호와의 사자는 떠나서 보이지 아니한지라" 삿 6:21.

모세의 경우처럼 하나님은 기드온의 지팡이로 기적을 행하시기를 원하셨다. 지팡이는 그의 사역과 삶을 상징하는 도구였다.

하나님은 무슨 의도로 이런 이야기를 성경에 기록하게 하셨을까? 그것은 바로 우리의 일과 삶이 그분의 능력을 나타내는 도구가 되어야 한다는 점을 보여주시기 위해서다. 하지만 그런 역사가 일어나려면 먼저 우리의 일과 삶을 하나님께 바쳐야 한다.

사탄이 사용하는 속임수

오늘날 직장생활을 하는 기독교인들 사이에서 정체성의 혼란이 야기되고 있다. 사탄은 기독교인들이 일터에서 무기력한 존재가 되기를 원한다. 직업 활동은 무의미하거나 노동의 저주에 불과할 뿐이라는 그릇된 인식을 심어주는 것이 사탄의 전략이다. 사탄이 흔히 사용하는 두 가지 속임수를 정리해 보았다.

속임수 1. 직업 활동은 무의미하다

샌프란시스코 라디오 방송국의 조사에 따르면, 자신의 직업에 불만족을 느낀다고 대답한 사람이 전체 응답자의 80%에 달했다고 한다. 『월스트리트 저널』이 주관한 설문조사에서도, 회사 중역 가운데 자신의 일에 불만족을 느끼는 이들이 전체 응답자의 50%에 이르는 것으로 나타났다. 아울러 또 다른 조사에도, 직장생활을 하는 사람들 가운데 불만족을 느끼는 사람이 전체 응답자의 80%에 육박하는 것으로 드러났다. 그뿐이 아니다. 『당신의 일은 하나님께 중요하다』의 공동저자 더그 셔먼과 빌 헨드릭스가 500명의 기독교인을 대상으로 벌인 설문조사에서도 불만을 느끼는 사람이 전체의 50%에 달하는 것으로 나타났다.[1]

이런 조사 결과는 무엇을 시사하는가? 이는 대다수의 사람들이 직업에서 의미와 목적을 찾지 못한다는 점을 보여준다. 요즘 사람들은 이전과는 달리 일을 하는 목적이 없다. 그런 사람들의 비율이 가히 위기감이 느껴질 정도다. 이는 신자들이 일이 갖는 영적 가치를 배우지 못해 왔다는 사실을 드러낸다.

속임수 2. 노동은 저주받은 활동이다

"땅은 너로 인하여 저주를 받고 너는 종신토록 수고하여야 그 소산을 먹으리라 땅이 네게 가시덤불과 엉겅퀴를 낼 것이라 너의 먹을 것은 밭의 채소인즉 네가 얼굴에 땀이 흘러야 식물을 먹고 필경은 흙으로 돌아가리니 그 속에서 네가 취함을 입었음이라 너는 흙이니 흙으로 돌아갈 것이니라" 창 3:17-19.

일의 중요성은 하나님이 아담을 에덴동산에 두실 때에 이미 충분히

---

1. Doug Sherman, *Discover the Word* radio program (Grand Rapids, MI: Discovery House Publishers, n.d.).

강조되었다. 하나님은 그에게 에덴동산을 "다스리며 지키게 하셨다"창 2:15. 하나님은 에덴동산을 아담과 하와에게 맡기시고 그것을 다스릴 수 있는 권한을 주셨다. 하지만 그들이 하나님께 죄를 짓자 그분과의 관계가 달라졌다. 그들의 노동은 더 이상 축복이 아니었다. 땅이 저주받아 경작하기가 훨씬 힘들어졌기 때문에 더욱 힘들게 일해야 했다.

오늘날 노동을 저주로 생각하는 신자들이 많다. 하지만 그것은 성경이 가르치는 진리가 아니다. 저주받은 것은 땅이다. 노동은 좀더 힘들어졌을 뿐이다. 내 친구 에드 실보소는 로마인들이 예수님을 십자가에 못 박기 전에 그분의 머리에 가시면류관을 씌운 것이 우연이 아니라고 생각한다. 그렇다면 가시는 고통을 가중시키는 것 외에 어떤 의미를 담고 있을까? 어쩌면 그것은 창세기 3:18에 언급된 대로 "가시덤불과 엉겅퀴를 내는" 타락한 세상을 상징할지도 모른다.

성경의 가르침

멜 깁슨이 연출한 영화 "패션 오브 더 크라이스트"에는 예수님이 목수 일을 하시는 장면이 나온다. 나는 그 장면이 매우 마음에 든다. 공생애가 시작되기 전에 예수님의 일상생활이 어떠했는지를 보여주는 진기한 장면이기 때문이다.

솔직히 인간의 관점에서 생각하면, 구세주이신 예수님을 세상에 보내신 하나님의 방법은 얼른 납득하기 어렵다. 예수님은 노동자의 가정에서 출생하셨다. 그리고 아버지 요셉과 함께 서른 살이 되실 때까지 목수 일을 하셨다. 성인 생활의 대부분을 '세속적인' 노동에 할애하신

셈이다. 더군다나 예수님은 세속적인 일을 하는 사람들 가운데서 교회의 초석이 될 열두 제자를 선택하셨다. 그들은 모두 종교적으로 신임을 얻기에는 거리가 먼 사람들로 보였다.

예수님의 사역도 사람들이 대부분의 시간을 보내는 일터에 집중되었다. 신약성경을 보면, 예수님이 대중 앞에 모습을 드러내신 횟수가 132회에 달하는 것으로 나타난다. 그 가운데 10번을 제외한 나머지가 모두 일상의 일터에서 이루어졌고, 예수님이 가르치신 비유 52개 가운데 45개가 일과 관련된 내용을 소재로 삼고 있다. 사도행전도 예외가 아니다. 모두 40회에 달하는 하나님의 현현과 기적 가운데 39회가 평범한 일터에서 이루어졌다.

진리 1. 예수님은 노동을 구속(救贖)하셨다

그리스도는 일터에 있는 사람들을 찾아 사역을 행하셨을 뿐 아니라, 노동 자체를 구속하셨다. 예수님의 죽음은 타락으로 인해 상실된 모든 것을 회복하셨다. 예수님은 "인자가 온 것은 잃어버린 자를 찾아 구원하려 함이니라"눅 19:10고 말씀하셨다. "잃어버린 것"이라고 하지 않고 "잃어버린 자"라고 말씀하신 것에 주의하라.

에덴동산에서 잃어버린 것은 무엇이었을까? 그것은 바로 하나님과의 관계였다. 인간은 타락하기 전만 해도 수고와 땀 없이 땅을 경작할 수 있는 능력과 순결한 마음을 지니고 있었다. 하지만 타락한 뒤부터는 노동이 더 이상 기쁨이 될 수 없었다. 예수님의 죽음은 바로 에덴동산에서 잃어버렸던 모든 것이 회복되는 계기가 되었다. "아버지께서는 모든 충만으로 예수 안에 거하게 하시고 그의 십자가의 피로 화평을 이루사 만물 곧 땅에 있는 것들이나 하늘에 있는 것들을 그로 말미암아 자기와 화목케 되기를 기뻐하심이라"골 1:19-20는 바울의 말은 이런 사실을 뒷받침해 준다.

그렇다. 예수님은 인간과 노동과의 관계를 포함해 모든 것을 회복하셨다. 우리는 더 이상 수고와 땀으로 노동을 행하지 않는다. 하나님은 우리에게 노동의 기쁨을 본래대로 회복시켜 주셨다. 사실 '노동'이라는 말은 '경배'를 뜻하는 히브리어 아보다에서 유래했다.

하나님의 나라가 세상에 임하는 것이 예수님의 바람이셨다. 예수님은 제자들에게 "나라이 임하옵시며 뜻이 하늘에서 이룬 것같이 땅에서도 이루어지이다"마 6:10라고 기도하라고 가르치셨다. 물론 하나님 나라가 하늘에서만큼 땅에서 온전히 이루어질 수는 없다. 하지만 예수님은 그렇게 되기를 기대하며 기도하기를 원하신다.

예수님이 노동을 구속하시기 위해 죽으셨다는 것과, 그분의 나라가 땅에서 이루어질 수 있다는 점을 이해하게 되면, 하나님이 우리의 노동을 통해 그분의 목적을 이루신다는 또 하나의 중요한 진리를 깨달을 수 있다.

진리 2. 우리의 노동은 목적이 있다

"저희가 예루살렘에 가까이 와서 감람산 벳바게에 이르렀을 때에 예수께서 두 제자를 보내시며 이르시되 너희 맞은편 마을로 가라 곧 매인 나귀와 나귀새끼가 함께 있는 것을 보리니 풀어 내게로 끌고 오너라 만일 누가 무슨 말을 하거든 주가 쓰시겠다 하라 그리하면 즉시 보내리라 하시니"마 21:1-3.

나귀는 예수님 당시 상업의 상징이었다. 나귀는 밭을 다지고, 맷돌을 돌려 곡식을 갈고, 쟁기를 끄는 수단으로 사람들의 중요한 소득원이었다. 고대 사회에서 나귀는 요즘으로 치면 트럭이나 화물열차 같은 역할을 했다. 나귀는 작은 몸집에도 불구하고 매우 무거운 물건을 날랐으며, 말보다 훨씬 사료를 적게 먹었기 때문에 건사하는 데에도 별로 부담이 없었다.

이런 점에서 나귀를 풀어 끌고오라는 예수님의 명령은 누군가의 일과 소득원을 취하시겠다는 의미를 함축한다. 제자들은 예수님의 명령을 따르기가 좀 거북했을 것이다. 하지만 예수님은 왕으로 예루살렘에 입성해 생애 마지막 한 주간을 보내시기 위해 나귀가 필요하셨다.

전설에 의하면, 하나님이 나귀의 목 뒤에 십자가의 형상을 새겨 예수님의 생애에서 나귀가 행해야 할 역할을 알려주셨다고 한다. 어쩌면 사실일지도 모른다. 텍사스의 한 나귀 목장 주인은 "나귀의 등에는 모두 십자가 형상이 그려져 있다. 세로선은 목에서 등뼈를 따라 그어져 있고, 가로선은 앞 어깨의 좌우 아래를 향해 그어져 있다. 그 형상은 회색 나귀의 경우에 더욱 선명하다. 흰색이나 검정색 나귀의 경우에는 쉽게 눈에 띄지 않는다. 하지만 그 털을 밀어보면 선명한 십자가 형상을 볼 수 있다."고 설명한다.

예수님은 당시에 나귀가 필요하셨다. 그분은 지금도 여전히 '나귀들'을 필요로 하신다. 잠시 나의 경험담을 소개하고 싶다.

싱가포르에서 개최된 한 모임에서 강연을 하기 바로 전날 밤이었다. 주님은 나귀에 관한 일화를 언급하고 있는 마태복음 21:1-3을 읽으라는 감동을 주셨다. 나는 그 말씀에서 예수님이 당시에 나귀를 필요로 하셨듯이 오늘날에도 싱가포르의 신자들이 자신들의 '나귀'를 바침으로써 그들을 통해 그분의 목적을 이루고자 하신다는 메시지를 전하라는 느낌을 강하게 받았다. 그런 특이한 메시지를 포함시키는 것이 다소 꺼림칙했지만 순종하는 마음으로 파워포인트로 작성한 강의안에 그 내용을 첨가했다.

이튿날 아침 아침식사를 하러 내려갔는데, 매기라는 말레이시아 출신의 기도의 용사가 합석했다. 나는 그녀를 매우 잘 안다. 그녀는 40일 동안 금식과 기도로 모임을 준비했다. 나는 그녀에게 기도하는 중에 주님이 모임에 관해 말씀하신 것이 있느냐고 물었다. 그녀는 "물론이죠. 9월 21일에 싱가포르의 사업가들이 그들의 '나귀'를 주님께 바치게 될 것이라고 하셨어요."라고 대답했다. 나는 미소를 지었다.

그날 오후, 나는 참석자들에게 주님께 '나귀'를 드림으로써 자신들의 일터에 하나님의 나라를 건설하고자 하는 사람은 앞으로 나오라고 초청했다. 그러자 200명이 넘는 사람이 앞으로 나왔다.

새로운 시작

하나님은 우리 모두에게 직업을 허락하셨다. 하나님은 우리의 일터에 임하셔서 그 능력을 드러내기를 원하신다. 하지만 자신의 '나귀'를 꼭 붙들고 놓지 않는 사람들, 즉 죄와 수고와 땀의 나무에 그것을 여전히 붙잡아 매어 놓고 있는 사람들이 많다. 그 결과, 일은 우리 삶에 무거운 짐이 되어 버렸다.

사탄은 일은 오직 생계를 위한 것이라는 그릇된 생각을 부추긴다. 일을 소명으로 생각하지 않게 유도하는 것이다. 사탄은 우리가 물질적인 것만을 추구하며 살기를 원한다. 하지만 예수님은 우리의 삶과 일을 구속하셔서 그분의 목적에 이바지하게 하신다. 예수님은 일을 하는 가운데 안식을 누리게 하심으로써 일이 무거운 짐이 되지 않게 해주신다. 우리의 일터는 경배와 자유와 기쁨이 충만한 터전이 될 수 있다.

하나님은 우리가 직업을 '변화의 도구'로 생각하기를 원하신다. 지금까지 우리는 일을 단지 수입을 얻는 도구로 생각해 왔다. 오늘날 하나님은 새로운 패러다임을 구축하고 계신다. 일은 훨씬 더 많은 의미와 목적이 있다. 직업은 우리의 삶과 일터, 나아가 도시와 국가를 자유와 사랑이 충만한 곳으로 변화시키는 수단이다. 왜 하나님은 그런 식으로 우리를 통해 능력을 나타내고자 하실까?

"그들로 그 조상의 하나님 곧 아브라함의 하나님, 이삭의 하나님, 야곱의 하나님 여호와가 네게 나타난 줄을 믿게 함이니라" 출 4:5 는 말씀에 그 대답이 있다.

하나님은 지구상의 모든 사람을 통해 그분의 영광이 나타나기를 원하신다. 우리는 깨어 있는 시간의 대부분을 일터에서 보낸다. 주부든, 교육자든, 사업가든, 학생이든, 또는 군인이든 하나님은 우리의 일터에서 살아 역사하시기를 원하신다. 그분은 우리의 '지팡이'를 통해 기적을 행하고 싶어하신다.

기꺼이 하나님이 우리의 지팡이를 사용하실 수 있게 하겠는가?

성 · 경 · 공 · 부 · 가 · 이 · 드

1. 1장에는 존 위킹턴의 이야기가 소개되어 있다. 그는 실제로는 사업가가 되기를 원했지만 본의 아니게 성경학교에 입학했다. 그리스도를 믿는 많은 사람들이 사업에 죄책감을 느끼는 이유가 무엇이라고 생각하는가?

2. 사람들은 사역과 소명과 관련해 다음 4가지 속임수에 넘어가기 쉽다.

   1) 우리의 직업은 신령하지 않다. 그것은 단지 교회에 바칠 헌금을 버는 수단일 뿐이다.
   2) 우리의 직업은 영적 권위를 가지지 않는다.
   3) 우리의 세속적인 직업과 교회의 사역은 서로 별개다.
   4) 교회의 울타리 안에서 이루어지는 것만이 '사역'이다.

   이들 속임수에서 비롯하는 결과를 생각해 보고, 그것들이 일터의 기독교인들 사이에서 어떤 식으로 표출되는지 말해 보라.

3. 창세기 3:17-19을 읽어보라. 아담과 하와는 에덴동산에서 죄를 지음으로써 하나님과 단절되었다. 노동은 타락의 결과인가? 아담과 하와가 죄를 지었을 때 노동의 현실이 어떻게 변했는지 말해 보라.

4. 누가복음 19:10과 골로새서 1:19-20을 읽어보라. 예수님이 십자가에서 죽으심으로써 어떤 결과가 나타났는가? 그리스도의 구속하심은 사람들을 구원하는 데만 그쳤는가?

5. 예수님은 하나님 나라가 땅에 이루어지기를 소망하셨다(마 6:10). 주님의 기도를 각자 자신의 상황에 적용해 보고, 이 기도가 응답되었을 때 변하게 될 세상의 모습을 생각해 보라.

6. 예수님은 마태복음 21:1-3에서 제자들에게 예루살렘에 입성할 때 타실 나귀 새끼를 끌고 오라고 하셨다. 나귀는 무엇을 나타내는가? 이를 각자의 삶에 어떻게 적용할 수 있을지 생각해 보라.

Chapter 2
삶의 목적

"우리는 그의 만드신 바라 그리스도 예수 안에서 선한 일을 위하여 지으심을 받은 자니 이 일은 하나님이 전에 예비하사 우리로 그 가운데서 행하게 하려 하심이니라"(엡 2:10).

하나님이 우리의 삶과 일을 어떻게 사용하고 싶어하시는지를 이해하려면 먼저 우리가 창조된 이유를 알아야 한다. 우리가 창조된 이유를 알기 전에 삶의 목적을 결정하려고 한다면 자신이 하는 일을 통해 삶의 만족을 구하기 쉽고, 결국에는 좌절과 실망에 빠지게 된다.

하나님이 우리를 창조하신 이유는 그분을 알고, 그분과 친밀한 관계를 맺도록 하시기 위해서다. 하나님은 인생에서 자랑할 것이 있다면 "명철하여 나를 아는 것으로 자랑하라"고 말씀하신다렘 9:24.

아담과 하와가 에덴동산에서 죄를 지음으로써 하나님과 인간의 관계가 깨어졌다. 하지만 예수님이 십자가에서 죽으심으로써 하나님과의 관계가 회복되어 그분과 다시 친밀한 교제를 할 수 있게 되었다. 사도 바울은 이 점을 이해했기에 "내가 그리스도를 인격적으로 알고 그분의 부활을 경험하고 그분의 고난에 참여하여 그 죽으심을 본받기 위해 다른 모든 것을 배설물로 여겼다."고 말할 수 있었다 빌 3:8-10.

하나님과의 관계를 올바로 구축해야만 삶의 목적을 이해할 수 있다. 하나님과 관계를 맺지 못하면 두려움, 불안, 교만, 물질, 타인의 눈, 죄책감, 분노 등과 같은 그릇된 동기로 삶의 목적을 이루려는 오류를 범하게 된다. 하나님은 우리가 그분을 사랑하고 경배하는 마음으로 모든 일을 행하기를 원하신다. 하나님과의 관계를 발전시켜 나갈 때 그분은 우리의 삶에 그분의 목적을 환히 드러내신다. 그분은 "너희를 향한 나의 생각은 내가 아나니" 렘 29:11라고 말씀하셨다.

삶의 목적은 하나님이 결정하셨다. 그것은 타협의 대상이 아니다. 물이 젖게 하는 속성을 가지고 있는 사실이 결코 변할 수 없듯이, 우리의 삶을 향한 하나님의 목적도 변하지 않는다. 비록 우리가 지으심을 받은 목적을 이루지 못한다고 해도, 우리에게는 여전히 하나님이 의도하시는 목적이 존재한다. 그것은 하나님이 결정하신 계획이다. 하나님은 예수님을 세상에 보내실 때 구체적인 목적을 가지고 계셨다. 그와 마찬가지로, 하나님은 우리의 삶에 대해서도 구체적인 목적을 가지고 계신다.

물론 이 말이 우리 각자가 이루어야 할 구체적인 목적이 딱 한 가지뿐이고, 그것을 이루지 못할 때 실패한 인생을 살아가게 된다는 뜻은 아니다. 오히려 우리는 다양하고 창의적인 방법으로 우리의 목적을 성취할 수 있다. 이런 생각은 정신적 압박감을 떨쳐버릴 수 있게 해준다. 전공이나 배우자, 또는 직업을 잘못 선택했다고 해서 인생 전체가 망

가지는 것은 아니다. 우리가 잘못된 결정이나 불순종을 일삼는다 해도 하나님은 능히 우리의 삶을 원하시는 목적으로 이끄신다. 이런 점에서 시편 저자는 "여호와께서 내게 관계된 것을 완전케 하실지라"시 138:8고 했다. 참으로 위로가 되는 말씀이 아닐 수 없다.

삶의 목적을 이해할 때, 어떤 활동에 종사해야 할지 결정할 수 있다. 우리의 삶을 향한 하나님의 목적에 어긋나는 활동에 종사해서는 안 된다. 예수님의 목적은 하나님의 뜻을 행하시는 것이었다. 그분은 그 목적에 어긋나는 행동을 하지 않으셨다. 마찬가지로 우리의 목적도 하나님의 뜻을 행하는 것이 되어야 한다.

헨리 블랙커비는『하나님을 경험하는 삶』이라는 성경공부 책을 저술했다. 이 책에서 그는 삶의 목적을 발견하려면 하나님이 이미 행하시고 있는 일에 동참해야 한다는 핵심원리 한 가지를 설명했다. 하나님의 뜻에 어긋나는 활동에 종사할 경우에는 다음과 같은 부정적인 결과들이 나타난다.

- **약속된 안식의 땅**에 도달하기보다, 수고와 **땀**으로 점철된 노예의 삶을 살게 된다.
- 하나님이 **정하신** 삶의 목적에서 **벗어나는** 삶을 살게 된다.
- 삶의 목적에 근거한 복종의 열매 대신에 죽음의 열매를 맺게 된다.
- 하나님이 원치 않으시는 일에 종사하는 **탓**에 진정한 보상을 얻지 못한다.

어떤 일을 할 때는 그 일을 하는 동기를 분명히 해야 한다. 하나님이 원하시는 일이라서 하는 것인지, 아니면 스스로 좋아서 하는 것인지를 구별하라. 예수님은 하나님의 일만을 행하셨다. 예수님이 하나님의 일을 알 수 있으셨던 이유는 하나님과 친밀한 관계를 맺고 계셨기 때문이다.

목적의 발견

나는 늦게서야 삶의 목적을 발견했다. 나는 자라면서 잭 니클로스와 같은 사람이 되겠다는 생각을 품었다.

나는 11살 때 골프를 시작했다. 아버지는 내가 훌륭한 골프선수가 될 수 있을 것이라며 격려해 주셨다. 나는 제법 실력 있는 주니어 골프선수로 성장했고, 골프 장학생으로 사우스캐롤라이나 대학에 진학했다. 나는 PGA 투어에서 활약하는 프로 골프선수가 될 수 있는 길을 순리대로 밟고 있다고 생각했다. 하지만 학교를 졸업하고 프로로 전향했을 때 곧 좌절에 부딪혔고, 탁월한 프로선수가 될 수 있는 자질이 부족하다는 사실을 깨닫게 되었다.

우리 가족은 늘 교회에 다녔지만, 하나님과 동행하는 삶을 살아야 한다는 생각은 별로 하지 않았다. 그러던 어느 날, 아버지가 비행기 사고로 돌아가시게 되었다. 어머니는 아버지의 죽음이 계기가 되어 하나님과 더욱 친밀한 관계를 맺게 되었다. 어머니와 한 목사님의 도움으로 나는 1974년에 기독교인이 되었다.

시간이 지나면서 골프선수가 하나님이 원하시는 직업이 아니라는 생각이 들었다. 나는 영업과 마케팅으로 직업을 바꾸었다. 그 후 6년 동안 여러 가지 직업을 전전하는 사이에 영적으로 좀더 성장해 주님을 더욱 능력 있게 섬기고 싶은 열정이 생겨나기 시작했다.

나는 하나님의 도구가 되기를 바라는 두 사람과 함께 교회를 시작했다. 그러면서 차츰 신학교에 가서 전적으로 하나님께 헌신하는 것이 좋겠다는 생각이 들었다.

'목회자가 내 소명일지도 몰라.'

나는 일을 그만두고 석 달 과정의 성경 연구 과정에 등록했다. 그 후 애틀랜타로 가서 부교역자 생활을 시작했다. 하지만 부교역자 생활은 불과 석 달에 그쳤고, 나는 다시 비즈니스 세계로 돌아왔다. 돌이켜 생각해 보면, 그것은 하나님의 인도하심이었다.

나는 당시의 경험을 통해 내 소명이 목회자나 '전문 사역자'가 아니라 비즈니스에 있다고 생각하게 되었다. 하지만 한편으론 나 자신이 하나님을 위해 전적으로 헌신하지 못하는 '이등 신자'라는 자책감이 들었다. 물론 그렇게 말한 사람은 아무도 없었다. 하지만 주위의 기독교 문화가 그런 생각을 갖도록 부추겼다.

2002년 나는 사업가들을 상대로 직업 전향을 조언하는 브렌다를 만났다. 그녀는 사람들에게 하나님의 관점에서 삶의 목적을 바라볼 수 있는 안목을 열어 주는 데 매우 탁월했다. 그녀는 내게도 똑같은 훈련 과정을 통해 그런 안목을 열어 주었다. 그녀의 훈련과정은 한 문장으로 하나님이 정하신 목적을 정의하는 것으로 끝났다. 하루 종일 씨름해야 하는 고된 훈련이었지만, 마침내 나는 그녀의 도움을 힘입어 "하나님이 오스 힐먼을 만드신 목적은 변화를 위한 근본원리를 도출하고 명확히 설명하는 것이다."라는 진술문을 작성하기에 이르렀다.

나는 그 훈련과정을 통해 내가 지닌 여러 가지 장점(가르치고, 관계망을 형성하고, 대화하고, 글을 쓰는 것 등)을 발견했다. 그것들 모두가 내 삶을 구성하는 요소였다. 하지만 가장 중요한 목적은 변화를 이루어낼 수 있는 근본원리를 도출하고 명확히 설명하는 것이었다. 재미있는 사실은 내 삶의 목적이 골프교습, 사업조언, 광고대행업과 같은 분야에서 이루어졌다는 것이다. 나는 그런 분야에서 "근본원리를 도출하고 명확히 설명하는 일"을 했다. 현재는 집필활동에 종사하면서 각자의 소명을 발견할 수 있도록 사람들을 돕고 있다.

기름 부음의 발견

삶의 목적을 이해하는 것 외에 필요한 또 한 가지는 기름 부음의 발견이다. 성경은 "너희는 주께 받은 바 기름 부음이 너희 안에 거하나니 아무도 너희를 가르칠 필요가 없고 오직 그의 기름 부음이 모든 것을 너희에게 가르치며 또 참되고 거짓이 없으니 너희를 가르치신 그대로 주 안에 거하라" 요일 2:27 고 말한다.

기름 부음이란 다른 사람들과 하나님의 나라를 위해 허락하신 은사를 말한다. 켄델은 『기름 부음 : 어제와 오늘과 내일』에서 이렇게 설명했다.

자신의 기름 부음을 알 수 있는 가장 좋은 방법은 힘들이지 않고 쉽게 나타나는 재능이 무엇인지 찾아내는 것이다. 은사는 쉽고 자연스럽게 드러난다. 애써 힘들일 필요가 없다. 은사는 있으면 있는 것이고, 없으면 없는 것이다. 만일 애써 힘을 들여야만 그 은사가 발휘된다면 그것은 자신의 고유한 은사가 아니다. 자신의 고유한 은사가 아닌 일을 하는 경우에는 금방 피로가 찾아오고, 흔히 '내면의 죽음'으로 일컬어지는 영적 무기력 상태에 빠지게 된다.[1]

내 은사 가운데 하나는 관계망을 형성하는 재능이다. 나는 그 은사를 개발하려고 한 적이 없지만, 주변에 사람이 많다는 것만은 분명하다. 하나님은 내가 내성적임에도 온 세계 사람들과 관계를 맺게 하셨다. 사람들이 무엇인가를 물어오면 "아무개 씨에게 연락해 보세요. 그가 도움을 줄 수 있을 겁니다."라는 대답이 입에서 자연스럽게 흘러나오곤 한다.

내 아내는 사람들의 마음을 편안하게 해주는 재능이 있다. 아내는 내가 아는 어떤 사람보다도 상대방의 마음을 쉽게 열어 놓는 능력이 있다. 아내 옆에 있으면서 딱딱한 표정을 짓는 사람은 아무도 없다. 또한 아내는 사람을 차별하지 않는다.

우리 친구 가운데 나이지리아에서 온 법률가 한 사람이 있다. 그는 거의 웃는 법이 없고 항상 표정이 엄숙하다. 한번은 모임을 마치고 막 떠나려는 순간, 근처 레스토랑에서 그가 다른 사람들과 진지한 대화를 나누는 모습이 아내의 눈에 띄었다. 아내는 다가가 그의 뺨에 보란 듯이 입맞춤을 하며 인사를 건넸다. 그는 어안이 벙벙한 표정으로 어쩔 줄 몰라했다. 나중에 그는 아내를 향해 미소를 지으며, "앤지, 당신은 매우 특별한 사람이에요."라고 했다. 다른 사람에게는 마음을 열지 않

---

1. R. T. Kendall, *The Anointing: Yesterday, Today and Tomorrow* (Nashville, TN: Thomas Nelson, inc., 1999), p. 12. Italics in original.

는 사람도 아내 앞에서는 마음을 여는 경우가 많았다. 이것이 바로 아내의 은사다. 모든 사람이 단시간에 그녀의 친구로 변한다.

힘들이지 않고서도 자연스럽게 흘러나오는 것이 있는가? 만일 있다면 바로 그것이 본인의 은사일 가능성이 높다. 하나님은 우리가 주어진 은사를 활용해 그분의 영광을 드러내기를 원하신다.

피터의 원리

자신의 은사를 알고 나면 삶이 하나님이 원하시는 목적에서 벗어날 때를 쉽게 감지할 수 있다. 켄델은 은사와 무관한 일이나 승진을 선뜻 수락하는 경우가 발생하는 과정을 자세히 설명한다. 이는 이른바 '피터의 원리'로 알려진 개념이다.

피터의 원리는 다음과 같은 방법으로 작용한다. 예를 들어 **타이피스트**나 **비서**의 일을 하면 최상의 소질을 발휘할 사람이 오히려 경영을 맡는 경우다. 그런 사람들은 **타이프**로 편지를 작성하고, 구술을 받아 적고, 전화를 받는 일에 최고의 실력을 발휘한다. 그들은 그런 일을 수월하게 해낸다. 그러던 중 관리직을 **뽑는다**는 소식을 듣고 신청서를 제출한 뒤 그 직위를 맡는다. 그들은 어려운 결정을 내리고, 부하 직원을 부리는 역할을 담당하게 되면서 많은 스트레스를 받는다. 그들은 관리직이 자기에게 맞지 않는다는 사실을 알면서도 열심히 노력한다. 그러다 보면 승진을 하게 되고, 더욱더 어렵게 일을 꾸려나가야 한다. 직업을 바꾸지 말았어야 했지만 반드시 해내겠다는 각오를 다진다. 자기 능력을 벗어난 일을 맡았다는 사실을 인정하는 사람은 극히 드물다.[2)]

나는 이 원리가 실제로 나타나는 경우를 많이 보아 왔다. 내게는 사역을 개인적으로 도와주는 기도 후원자가 몇 사람 있다. 어느 날 그중 한 명에게 행사를 위한 기도 모임을 조직하는 일을 맡겼다. 하나님의 뜻을 깊이 헤아릴 수 있는 탁월한 능력을 지닌 기도 후원자였기 때문이다. 하지만 그녀는 조직하고 관리하는 일에는 재능이 없었다. 그녀의 은사와 맞지 않는 일을 요구했던 셈이다. 그때의 일은 큰 교훈이 되었다.

강점과 약점

강점과 약점 사이에는 무시해서는 안 될 역설이 존재한다. 때로 하나님은 우리의 고유한 은사와 관련이 없는 상황으로 우리를 몰아넣으신다. 그런 경우에는 대개 그분의 능력을 의지하는 법을 깨닫게 하시려는 목적이 있다.

아내는 나와 함께 전임으로 일하기 전에 한 비영리단체의 마케팅과 광고를 담당하는 책임자로 일했다. 언젠가 그 단체는 직원들의 고유한 기능과 역할을 발견하기 위한 일련의 조사를 실시해 달라고 직업 컨설팅 회사에 의뢰했다.

아내는 확실한 목표의식 아래 일을 조직적으로 추진하는 능력이 부족하다는 것이 가장 큰 약점 가운데 하나로 나왔다. 아내의 사장은 그 평가에 이의를 제기하면서, 아내가 전체 직원 가운데 가장 일처리가 꼼꼼하고 조직적인 사람이라고 말했다.

---

2. Ibid., pp. 13-14.

"그런데 어떻게 그런 결과가 나올 수 있죠?"

컨설턴트는 이렇게 대답했다.

"앤지는 자신의 약점을 극복한 대표적인 사례입니다. 그녀는 뚜렷한 목표의식과 세심한 일처리 능력을 후천적으로 습득함으로써 자신의 타고난 약점을 극복했다고 할 수 있습니다."

간단히 말해, 아내는 자신의 문제를 성령께 일임했고, 하나님은 그녀의 약점을 통해 역사하셨던 것이다.

나도 그런 면이 없지 않다. 나는 본래 대중 앞에서 말을 잘 못한다. 매우 소심하고 내성적이기 때문이다. 사람들과 함께 있을 때면 나는 말수가 거의 없는 편이다. 하지만 가령 하나님의 소명을 찾는 일을 도와주는 것과 같이 평소에 큰 관심을 기울이는 문제가 거론되면 거침없이 말을 꺼내곤 한다. 대중 앞에서 말을 잘하는 편이 못되지만, 말을 하지 않으면 안 될 중요한 문제일 경우에는 점잔을 빼지 않고 하나님의 능력을 의지하는 마음으로 그분이 내 마음에 생각나게 하시는 메시지를 서슴없이 전한다.

하나님은 종종 재능의 유무에 상관없이 그분에 대한 복종을 통해 우리가 할 수 없는 일을 이루게 하신다. 이 점과 관련해 오스왈드 챔버스의 말은 시사하는 바가 매우 크다.

"하나님의 소명은 논리적으로 이것저것을 저울질하고 따질 때가 아니라 복종할 때 더욱 확실히 드러난다. 소명은 우리의 생각이 아닌 하나님의 생각이다. 우리는 복종의 길을 되새겨볼 때에 비로소 하나님의 생각이 줄곧 개입해 왔다는 사실을 깨닫게 된다."[3]

하나님은 때로 우리를 소명을 받아들일 수밖에 없는 위치에 서게 하신다. 그런 때면 자연히 하나님께 의지하는 마음이 생기게 된다. 그런 상황은 재난이나 위기를 통해 발생하는 것이 보통이다. 삶에 위기가 닥치면 하나님의 도움과 응답을 간구하게 되고, 점차 시간이 지나면서 하나님께 무엇을 구하기만 했던 성숙하지 못한 믿음에서 벗어나 그분과 친밀한 관계를 추구하는 성숙한 믿음으로 발전하게 된다.

우리는 대개 여러 가지 직업을 거치며 많은 경험을 쌓는다. 그러면서 서서히 하나님이 정하신 삶의 목적과 그분의 궁극적인 뜻을 발견해 나간다. 하나님의 궁극적인 뜻은 하나의 사건이나 상황을 통해 단번에 드러나기보다는 평생에 걸쳐 나타나는 것이 보통이다. 하지만 여러분은 비록 나처럼 우여곡절을 겪었더라도 처음부터 소명에 맞는 곳에서 일을 시작했을 수도 있다. 사도 바울은 우리가 주님을 알게 되었던 바로 그 직업에 그대로 머물러 있는 것이 좋다는 의미의 말을 남겼다.

"각 사람이 부르심을 받은 그 부르심 그대로 지내라" 고전 7:20.

하나님은 우리에게 재능을 주셔서 그것을 각자의 일터에서 발휘하게 하셨다. 하나님은 우리가 각자의 직업을 통해 그분의 목적을 이루기를 원하신다.

---

3. Oswald Chambers, *Not Knowing Where: A Spiritual Journey Through the Book of Genesis* (Grand Rapids, MI: Discovery House Publishers, 1989), p. 45.

성 · 경 · 공 · 부 · 가 · 이 · 드

1. 에베소서 2:10을 읽어보라. 하나님이 우리를 창조하신 이유는 무엇인가?

2. 예레미야 9:24과 빌립보서 3:10을 읽어보라. 두 구절 모두 하나님이 인간을 창조하신 이유를 설명한다. 이들 구절을 통해 무엇을 깨달았는가?

3. 이 장은 인간의 재능과 지으심을 받은 목적의 차이를 설명한다. 이 장을 토대로 이들 두 개념의 차이를 설명하라.

4. 하나님이 우리를 지으신 목적을 이해하는 것이 왜 중요한가?

5. 이 장은 창조 목적을 이해하는 것과 본인의 "기름 부음"(은사)을 이해하는 것의 차이를 구별한다. 이들 두 개념이 어떤 차이가 있는지 설명하라.

6. 켄델은 본인의 은사와 상관없는 일을 해도 나름대로 직업적인 성공을 거둘 수 있지만, 그럴 경우 여러 가지 부정적인 현상이 나타날 수밖에 없다고 지적했다. 어떤 현상인지 설명해 보라.

7. 고린도전서 7:20을 읽어보라. 바울이 무슨 의도로 그런 말을 했다고 생각하는가?

Chapter 3
목적의 발견

"네게 흑암 중의 보화와 은밀한 곳에 숨은 재물을 주어서 너로 너를 지명하여 부른 자가 나 여호와 이스라엘의 하나님인 줄 알게 하리라"(사 45:3).

하나님은 종종 삶에 어려움이 찾아온 상황에서 우리를 불러 그분의 목적을 이루게 하신다. 다시 말해, 하나님은 우리의 지팡이직업를 부러뜨리신다. 그것은 우리를 파괴하시기 위해서가 아니라, 하나님이 우리의 직업을 통해 역사하시고자 함이다. 즉, 우리의 마음을 준비시켜 새로운 소명을 이루게 하는 데 그 목적이 있다.

출애굽기 4장에서 하나님은 자신의 능력을 보여주시기 위해 모세에게 지팡이를 땅에 던지라고 명령하셨다. 모세가 그 명령에 순종하자 하나님은 지팡이를 뱀으로 변하게 하셨다. 어떤 주석에서는 모세가 취했던 복종의 태도를 다음과 같이 설명한다.

모세가 던진 지팡이가 뱀으로 변했다. 그가 그 꼬리를 잡자 다시 지팡이로 변했다. 이 일은 모세의 소명과 밀접한 관계가 있다. 그의 손에 들린 지팡이는 목자의 지팡이였다. 그것은 그의 직업이 목자라는 사실을 나타낸다. 그는 하나님의 명령을 듣고 지팡이를 땅에 던졌다. 그러자 지팡이는 뱀으로 변했고, 모세는 무서워 얼른 피했다. 목자의 삶을 내어놓는 것은 그를 도피하고 싶은 위험 상황에 처하게 만든다. 하지만 뱀의 형상에는 그의 생명을 위협하는 위험 이상의 의미가 함축되어 있었다. 뱀은 여인의 후손을 대적하는 원수였다창 3장. 그것은 애굽에서 위세를 떨치고 있는 사악한 자의 권능을 나타낸다. 모세는 다시 하나님의 명령에 따라 뱀의 꼬리를 잡았다. 그러자 뱀은 다시 지팡이로 변했고, 모세의 손에는 재앙으로 애굽을 칠 "하나님의 지팡이"가 들려졌다. 그것은 하나님이 그를 이스라엘의 지도자로 세우셨을 뿐 아니라, 뱀처럼 교활한 애굽의 권세를 꺾을 수 있는 능력을 부여하셨다는 사실, 즉 조상들의 하나님 여호와가 그에게 나타나셨다는 사실을 이스라엘 백성에게 증명해 줄 상징물이었다.[1]

하나님은 모세에게 그의 삶과 직업을 상징하는 지팡이를 내려놓으라고 명령하셨다. 지팡이를 변화시켜 그분의 목적을 위한 도구로 만드시기 위해서였다. 모세는 지팡이를 내려놓았다가 다시 집어 들었다. 그러자 놀라운 변화가 일어났다. 그것은 더 이상 목자의 지팡이가 아니라 "하나님의 지팡이"가 되었다. 출애굽기 4:20을 읽어보자.

"모세가 그 아내와 아들들을 나귀에 태우고 애굽으로 돌아가는데 하나님의 지팡이를 손에 잡았더라."

---

1. *Vines Expository Dictionary of Old Testament Words*, P.C. Study Bible software (Nashville, TN: Thomas Nelson, 1985), commentary on Exodus 7:10.

하나님의 지팡이는 권능이 있다. 모세의 지팡이가 하나님의 지팡이로 변한 순간부터 그것은 이스라엘 백성을 구원하여 변화시키는 도구로 사용되었다. 하나님의 지팡이는 가장 극적인 기적 가운데 하나 홍해를 가르는 기적를 통해 이스라엘 백성을 애굽의 노예 상태에서 구원했다출 14:16. 모세의 손에 들린 지팡이는 이스라엘 민족을 해방했고 하나님의 권능을 드러내는 도구로 사용되었다.

개인적인 좌절과 소명

사울은 아버지의 일과 관련된 문제를 해결하는 도중에 이스라엘의 왕이 되라는 하나님의 소명을 받게 되었다. 사무엘상 9장과 10장을 보면, 사울이 아버지 기스의 부탁을 받고 집안일을 돌보았다는 내용이 나온다. 우리는 사울의 집안이 무슨 사업을 했는지 알지 못한다. 하지만 그것이 나귀를 사용했던 사업인 것만은 분명하다. 앞서 1장에서도 말했지만, 나귀는 물품을 운반하는 수단이었다. 그것은 당시의 상거래 체계에 없어서는 안 될 요소였다. 기스는 나귀 몇 마리를 잃어버렸다. 물품을 운반하는 일에 큰 차질이 생긴 것이 분명했다. 그는 아들 사울에게 잃어버린 나귀를 찾아오라고 당부했다.

사울은 종과 함께 네 곳을 두루 찾아보았지만 나귀들을 찾을 수 없었다. 날이 어두워지자 그는 나귀 찾는 일을 중단하려고 했다. 사울의 수단과 노력이 바닥을 드러냈을 때 비로소 하나님의 개입이 이루어질 수 있는 완벽한 상황이 조성되었다. 우리도 사울처럼 우리의 힘으로 문제를 해결하려고 하다가 결국 더 이상의 수단이나 노력을 기울일 수 없는 상황이 되고 나서야 비로소 하나님의 응답을 듣게 되는 경우가 많다.

사울이 나귀 찾는 일을 중단하려고 할 즈음에 그의 종이 조언한다. "보소서 이 성에 하나님의 사람이 있는데 존중히 여김을 받는 사람이라 그가 말한 것은 반드시 다 응하나니 그리로 가사이다 그가 혹 우리의 갈 길을 가르칠까 하나이다" 삼상 9:6

사울은 종의 조언을 받아들였다. 두 사람은 함께 선지자를 찾아 나섰다. 두 사람은 도중에 두 소녀를 만났는데, 그들이 선지자를 만날 수 있는 곳을 알려주었다. (하나님은 종종 우연인 듯이 보이는 상황을 통해 그분이 원하시는 길을 알려주신다.) 소녀들이 가르쳐 준 방향으로 가던 그들은 마침내 선지자 사무엘과 마주치게 되었다. 사무엘은 사울에게 잃어버린 나귀들을 찾았다고 말해 주었다. 하지만 그들의 만남에는 그 이상의 의미가 있었다.

사무엘은 사울에게 기름을 부으며 하나님이 그를 이스라엘 왕으로 세우셨다고 했다. 그러면서 그 일이 성취될 것을 보여줄 징조와 표적을 구체적으로 일러주었다. 그 말을 들은 사울은 과연 무슨 생각을 했을까? 그의 관심은 온통 아버지의 나귀를 찾는 일뿐이었다. 하지만 갑자기 자기가 왕이 될 것이라는 선지자의 말을 듣게 되었다.

헨리 블랙커비는『하나님을 경험하는 삶』에서 "현재 상태에 머물러 있는 한 하나님과 함께 갈 수 없다."[2]고 했다. 하나님이 우리를 변화시켜 주셔야만 우리의 삶에서 그분의 목적을 이룰 수 있다. 사무엘은 사울에게 "네게는 여호와의 신이 크게 임하리니 너도 그들과 함께 예언

---

2. Henry T. Blackaby, *Experiencing God: Knowing and Doing His Will* (Nashville, TN: Broadman and Holman Publishers, 1998), p. 132.

을 하고 변하여 새 사람이 되리라"삼상 10:6고 말했다. 사울은 그때까지 한번도 예언을 하거나 사람들을 이끌어 본 적이 없었다. 또한 그는 자신의 행위에 대해 선지자와 하나님 앞에서 책임 있는 삶을 살아본 적도 없었다.

사울의 믿음은 크게 성장했다. 그는 사무엘의 말대로 선지자들과 함께 예언했다. 참으로 놀라운 경험이었다. 하지만 사무엘이 이스라엘 백성을 모아놓고 사울을 초대 왕으로 공표했을 때 그는 숨어 버렸다. 이 대목은 좀 유머스럽다. 온통 흥분의 열기가 고조되었지만 사울의 이름을 불러도 그는 모습을 드러내지 않았다. 사람들이 "그 사람이 여기 왔나이까?"라고 하나님께 묻자, 하나님은 "그가 행구 사이에 숨었느니라"고 대답하셨다삼상 10:22.

우리는 여기에서 많은 위로를 받을 수 있다. 하나님은 이 세상의 어리석은 것들을 통해 지혜로운 자들을 혼란케 만드신다. "하나님이 별 볼일 없는 나를 사용하신다는 것은 있을 수 없어."라는 좌절감에 사로잡혀 있는지도 모르겠다. 하지만 우리를 둘러싼 부정적인 상황에 대해 적절히 대처하기만 하면 하나님은 얼마든지 그런 우리를 사용하실 뿐 아니라 그렇게 하기를 기뻐하신다.

요셉의 소명

요셉은 하나님의 막중한 소명을 받았다. 그의 소명은 궁극적으로 온 세상의 물질적 문제와 영적 문제를 해결해 주기에 이르렀다. 하지만 하나님은 그를 준비시키시기 위해 온갖 시련을 겪게 하셨다.

1994년경 나는 많은 사람이 부러워할 인생을 살았다. 나는 44세의 나이에 은퇴를 해도 될 만큼 충분히 돈을 벌었다. 일주일에 평균 세 번 골프를 치러 다녔고, 내 기준에서는 신앙생활도 그만하면 적당해 보였다(나는 최소한 사업을 하는 다른 기독교인들에 비해 내 신앙생활이 그렇게 처지지 않는다고 생각했다). 그러던 어느 날, 14년 동안 함께 살아온 아내가 이혼하고 싶다는 의사를 밝혔다. 그로부터 3년 뒤 우리는 결국 이혼했다. 그뿐이 아니었다. 50만 달러가 넘는 투자가 불과 몇 달만에 다 날아갔고, 고객들이 14만 달러에 이르는 청구요금을 갚지 않는 바람에 사업의 80%가 와해되었다. 조그만 사업체를 성공적으로 운영하면서 가족과 단란한 삶을 살았던 시절이 과거의 추억 속으로 사라졌다. 가족도 없어지고, 돈도 없어지고, 사업은 빈껍데기만 남았다. 내 세계가 완전히 허물어졌다. 나는 절망하지 않을 수 없었다.

　나는 다른 사업가들에게 상황이 매우 어렵다는 소리를 들을 때마다 어리석은 결정을 내렸기 때문에 응분의 결과를 당하는 것이라고 생각하며 항상 그들을 판단하는 태도를 취했다. 하지만 내 문제는 어리석은 선택에서 비롯하지 않았다. 최소한 내 눈에는 그런 식으로 비치지 않았다. 나는 무언가 해답을 찾아야 했다.

　그 후 2년 동안 열심히 해답을 찾았다. 내가 무엇을 잘못했는지, 또 왜 하나님은 그런 일이 내게 일어나게 하셨는지를 생각했다. 처음 1년간 한 사람을 통해 내 성격과 관련된 문제를 통제하는 방법을 배웠다. 그 다음 1년간 또 한 사람을 통해 하나님이 내 삶에서 이루고자 하시는 일을 깨우칠 수 있었다. 마침내 2년간의 과정이 지나자 어떤 사람이 스웨덴 사업가이자 '국제 기독교 기업인 협의회' 이하 ICCC의 설립자인 거너 올슨의 오디오테이프를 보내 주었다.

거너는 테이프에서 "요셉의 과정"으로 일컫는 현상을 설명했다. 그는 사업을 하다가 큰 시련에 직면했을 경우, 그것을 '요셉'이 되라는 하나님의 소명으로 이해할 수 있어야 한다고 역설했다. 나는 그의 말에 큰 흥미를 느꼈다. 다음 달에 거너 올슨이 ICCC 회의차 워싱턴에 온다는 소식을 듣고 그를 만나보기로 결심했다.

워싱턴을 방문한 나는 거너가 묵는 호텔에서 그를 잠시 만나볼 수 있었다. 거너는 먼저 내 이야기를 듣고 싶다고 했다. 나는 내가 겪었던 상황을 애처로운 심정으로 설명했다. 내 이야기가 끝나자 그는 동료 위원인 제임스 로켓을 쳐다보더니 낄낄거리며 웃기 시작했다.

나는 그런 반응이 믿기지 않았다. 자리를 박차고 일어나 나가야 할지, 아니면 그를 한대 갈겨야 할지 얼른 판단이 서질 않았다. 하지만 거너는 즉시 사과를 했다.

"무례하게 굴 생각은 전혀 없었습니다. 그 동안 그런 이야기를 너무 자주 듣다 보니 그만 엉뚱한 반응을 보이고 말았군요. 확실히 말씀드리지만 선생님은 하나님께 요셉이 되라는 소명을 받으신 겁니다."

그 순간부터 내 인생은 전혀 새로운 관점을 띠게 되었다.

요셉의 과정은 희망이 없는 상황에서 희망의 빛줄기를 보게 해주었다. 마치 무거운 짐이 내 어깨에서 풀려나가는 느낌이었다. 나는 처음으로 내 상황을 새로운 관점에서 바라보게 되었다. 나는 내 문제의 원인을 더 이상 내가 스스로 저지른 일에서 찾지 않았다. 물론 나는 완전한 삶을 이끌지 못했다. 하지만 내가 경험하는 문제는 단지 내가 저질렀던 잘못의 결과를 뛰어넘는 훨씬 더 큰 의미가 있었다.

영적 훈련

출애굽기 2장에서 볼 수 있듯이, 모세는 자신의 방법으로 하나님의 일을 하려다가 결국 광야에서 40년 동안 숨어 지내야 했다. "저는 그 형제들이 하나님께서 자기의 손을 빌어 구원하여 주시는 것을 깨달으리라고 생각하였으나 저희가 깨닫지 못하였더라"행 7:25는 말씀에서 알 수 있듯이, 모세는 자신이 하나님의 소명을 받았다고 생각하고 애굽인을 살해했다. 그는 이스라엘 백성을 구하라는 하나님의 소명을 느꼈지만, 그것을 인간적인 방법폭력과 힘과 책략으로 성취하려고 했다. 하지만 하나님은 인간의 힘으로 그분의 뜻을 이루기를 원치 않으신다. 하나님은 모세에게서 "애굽"을 제거하시기 위해 그를 40년 동안 광야에 두셨다.

성경에서 애굽은 항상 속박과 땀과 수고와 책략의 장소를 상징한다. 우리의 삶에서 애굽을 제거하려면 우리를 지배했던 옛 체제를 완전히 벗어 버려야 한다. 모세의 경우도 삶의 패러다임을 완전히 바꿔야 할 시간이 필요했다. 그는 광야에서 하나님의 뜻을 깨닫고 그분을 의지하는 방법을 배우기 시작했다. 그러자 그의 실패가 자기 자신은 물론 민족의 삶을 새롭게 변화시킬 수 있는 지혜의 도구로 변했다.

모세의 광야생활은 하나님의 사람으로 거듭나기 위한 성장의 시간이었다. 성경은 모세가 세상에서 가장 겸손한 사람이라고 말한다민 12:3. 하나님은 요긴하게 사용하실 사람에게 반드시 겸손과 복종과 믿음을 요구하신다. 모세는 처음에 그런 자질을 가지고 있지 못했다. 하나님의 임재를 체험하고 일련의 훈련과정을 거치고 나서야 비로소 그런 자질을 습득했다. 하나님은 우리에게도 같은 일을 행하신다.

모세가 하나님의 소명을 이루기 전에 40년간 광야생활을 해야 했듯이, 요셉도 혹독한 영적 훈련을 거쳐야 했다. 그 훈련은 13년간 이어졌을 뿐 아니라, 이전의 삶과 완전한 단절을 요구했다. 그는 그 훈련을 통해 스스로 상황을 통제하려는 생각을 버리고 자신의 뜻을 굽혀야 했다. 그러면서 하나님이 그의 삶을 주관하신다는 사실을 믿게 되었다.

내 친구 밥 멈퍼드는 "다리를 절지 않는 기독교 지도자를 조심하라."고 했다. 하나님의 도구가 되려면 그와 같은 준비과정이 필요하다. 예수님처럼 요셉도 자신이 구원할 사람들을 위해 고난을 받았다. 그는 가족에게 버림을 받았다. 하나님은 그에게 사람들을 섬기라는 소명을 주셨고, 그는 그 소명을 위해 영적으로 준비했다. 요셉은 자기 민족과 세계를 굶주림에서 구원하라는 특별한 소명을 받았다. 하나님은 그 소명을 이루게 하시려고 그를 단단히 훈련시키셨다. 요셉은 서른의 나이에 통치자의 위치에 올랐다. 하나님은 그런 위치에 오를 사람이 교만한 마음을 품게 놔두지 않으셨다. 요셉의 시련은 교만을 말끔히 씻어내 하나님과 흔들리지 않는 관계를 맺게 하기 위해서였다.

4가지 시험

하나님은 요셉에게 4가지 시험을 준비하셨다. 요셉은 각각의 시험을 성공적으로 통과해야만 다음 단계로 나갈 수 있었다. 그는 마지막 시험을 통과한 후에 비로소 하나님의 소명을 이룰 수 있는 자격을 갖추게 되었다.

첫 번째 시험 : 원수 사랑

요셉의 첫 번째 시험은 가족들의 배척이었다. 형제들이 그를 노예상인에게 팔아넘겼다. 가족들의 손에 의해 노예로 팔리는 것보다 더 처참한 상황이 어디에 있겠는가? 만일 그런 일이 우리에게 일어난다면 십중팔구 가족과 하나님께 대해 원한을 품게 될 것이다.

배신은 인생에서 가장 견디기 힘든 시험 가운데 하나다. 그런 일이 종종 가족이나 동료 신자들을 통해 빚어진다. 우리는 매일 우리를 존중하지 않는 상황 속에서 일하며 살아가야 한다. 어떤 때는 너무 잔인하다는 생각이 들기도 한다.

때로 하나님은 그런 상황을 일부러 허락하셔서 그것을 통제하는 법을 배우게 하신다. 토저는 "하나님은 누군가를 크게 축복하시려 할 때는 그에 앞서 깊은 상처를 주신다."[3]고 했다. 하나님께 크게 쓰임 받는 지도자들의 경우 대개 한두 번은 가룟 유다와 같은 배신을 경험한 적이 있다. 하나님이 나중에 그들을 높이 들어 쓰시느냐 그렇지 않으시냐는 그들이 그 상황을 어떻게 처리하느냐에 달려 있다.

배신의 경험을 잘 극복할 수 있어야만 하나님의 사람으로 거듭날 수 있다. 다윗도 비슷한 경험을 한 적이 있다. 그는 자신의 가장 친한 동료를 통해 심한 고통을 당했다.

"나를 책망한 자가 원수가 아니라 원수일진대 내가 참았으리라 나를 대하여 자기를 높이는 자가 나를 미워하는 자가 아니라 미워하는 자일진대 내가 그를 피하여 숨었으리라 그가 곧 너로다 나의 동류, 나

---

3. A. W. Tozer, *Root of the Righteousness* (Christian Publications, 1986), p. 137.

의 동무요 나의 가까운 친우로다 우리가 같이 재미롭게 의논하며 무리와 함께 하여 하나님의 집안에서 다녔도다" 시 55:12-14.

용서하지 못하는 마음과 증오에 찬 원한을 버리지 못하는 탓에 하나님 나라에서 쓰임 받지 못하는 이들이 많다. 하나님의 축복을 원한다면 형제와 자매에 대한 원한을 버리고 기꺼이 용서해야 한다.

한때 멘토 역할을 해주었던 친한 친구가 있었다. 우리 사이는 단짝처럼 가까웠다. 하지만 한 가지 문제가 발생하는 바람에 우리의 관계에 금이 가기 시작했다. 매우 고통스러웠지만, 하나님은 가장 가까운 제자 가운데 하나인 유다에게 배신을 당했던 예수님의 마음을 헤아릴 수 있는 기회를 허락하셨다. 그는 서로의 입장차를 고려하기를 거부했지만, 나는 그에게 최선을 다하기로 결심했다. 그로부터 5년이 지나자 그가 화해를 요청했다. 만일 "네 원수를 사랑하라"는 말씀을 먼저 이행하려 들지 않았다면 그런 결과는 오지 않았을 것이다. 유다의 발을 씻어주셨던 예수님을 본받지 않겠는가?

두 번째 시험 : 도덕적 순결

요셉이 치른 두 번째 시험은 도덕적 순결이었다. 요셉은 바로를 섬기는 고관의 집에 살았다. 주인의 아내가 그를 유혹하기 시작했다. 그것은 남자라면 누구나 참기 어려운 유혹이었다. 모르긴 해도 오랫동안 여자를 접하지 못했던 요셉으로서는 더욱더 감당하기 어려웠을 것이다. 성적 유혹을 극복하는 유일한 방법은 피하는 것이다. 요셉은 지혜롭게도 유혹을 피해 달아남으로써 도덕적 순결을 시험하는 관문을 통과했다.

하지만 요셉의 형 유다는 그렇지 못했다 창 38장. 아내를 잃은 유다는 그녀의 죽음을 애도한 후에 잠시 딤나라는 곳을 방문했다. 과부가 된 그의 며느리 다말이 창녀처럼 변장하고 그를 기다렸다. 유다는 성적 유혹을 이기지 못하고 자신의 며느리와 잠자리를 같이했다. 대가는 염소 한 마리였다. 하지만 유다는 당시 염소를 가지고 있지 않았다. 다말은 그에게 염소를 주겠다는 약조물을 요구했다. 성경을 읽어보자.

당신이 그것을 줄 때까지 약조물을 주겠느냐 유다가 가로되 무슨 약조물을 네게 주랴 그가 가로되 당신의 도장과 그 끈과 당신의 손에 있는 지팡이로 하라 유다가 그것들을 그에게 주고 그에게로 들어갔더니 그가 유다로 말미암아 잉태하였더라 창 38:17-18, 강조 첨부.

유다는 나중에 그를 옭아맬 한 여인에게 그의 삶과 일을 상징하는 지팡이를 포기했다. 성적 유혹은 종종 그와 같은 대가를 요구한다. 그것은 모든 것을 앗아간다. 성적 유혹에 직면했을 때는 요셉처럼 피하는 것이 상책이다. 다른 방법으로는 그 유혹을 극복할 수 없다.

특히 남자들은 성적 유혹을 자극하는 상황을 멀리하고 항상 조심해야 한다. 이 시험을 통과하지 못하면 하나님께 쓰임 받을 자격을 잃게 된다. 심지어는 컴퓨터도 성적 유혹의 원인이 될 수 있다.

세 번째 시험 : 인내

요셉이 치른 세 번째 시험은 인내였다. 요셉은 수년 동안 옥살이를 했다. 그러던 어느 날, 그를 감옥에서 꺼내 줄 수 있는 권력을 지닌 관원의 꿈을 해석해 주었다. 요셉은 그 관원이 자기를 감옥에서 구해 줄 것으로 기대했다. 하지만 그 소망은 이루어지지 않았다. 그는 2년을 더 옥에 갇혀 지내야 했다. 그는 억울한 감옥살이가 지겨웠을 것이다. 하지만 용기를 잃지 않고 인내했다.

이것은 '요셉의 과정' 중에 가장 어려운 과정 가운데 하나다. 오랜 세월이 걸리기 때문이다. 성경은 "소망이 더디 이루게 되면 그것이 마음을 상하게 하나니" 잠 13:12라고 말한다. 이 과정에서 싸움을 포기하는 사람이 많다. 심지어 자살을 생각하기도 한다.

내가 운영하던 광고회사가 잘될 때만 해도 직원이 7명이었다. 하지만 삶이 파국을 맞이한 뒤로는 5년 동안 나 홀로 지냈다. 혼자서 채권자들의 빚 독촉을 해결하는 한편, 이리저리 수지타산을 맞춰보려고 최선을 다했다. 때로 내 고된 인생이 영원히 끝나지 않을 것처럼 보였다. 하지만 하나님은 당시에 내가 미처 생각하지 못했던 일을 이루고 계셨다. 그분은 암암리에 내게서 교만을 제거하시고 내 성품을 변화시키셨다. 간단히 말해, 내게 꼭 맞는 일을 시키시려고 나를 준비하시는 중이셨다.

많은 사람들이 인내의 시험을 통과하지 못하고 실패한다. 하나님이 가만히 기다리라고 말씀하실 때 섣불리 움직이는 경우가 많다. 스스로 너무 오래 기다렸다고 속단하고 자구책을 강구하기 시작한다. 하지만 그런 태도는 큰 잘못이다. 하나님은 아직 미흡하다고 생각하실 때는 산을 하나 더 넘게 하기도 하시고, 우리의 내면을 변화시키기 위한 사역이 아직 완성되지 않은 경우에는 훨씬 더 혹독한 훈련을 감행하기도 하신다.

소명의 크기는 삶의 역경을 극복해 내는 믿음의 경험이 얼마나 깊으

나에 비례한다. 믿음의 경험이란 하나님과의 만남을 통해 그분을 좀더 깊이 알게 되는 경험을 의미한다. 하나님은 그런 경험을 통해 우리의 삶을 새롭게 구성하셔서 세상을 향한 증거가 되게 하신다. 모세가 일으킨 홍해의 기적은 믿음의 경험이었다. 여호수아가 요단강을 건넌 것도 믿음의 경험이었다. 하지만 하나님의 역사가 이루어지기를 기다리지 못하고 스스로 어려운 상황을 극복할 자구책을 섣불리 마련하려 든다면 믿음의 경험을 해볼 수 있는 기회를 놓치게 된다. 하나님이 약속하신 땅에 들어가려면 무엇보다도 인내가 필요하다.

네 번째 시험 : 청지기 정신

요셉은 13년간 노예 생활에 옥살이까지 감당해야 했다. 하지만 마침내 감옥에서 풀려나 애굽에서 일인지하 만인지상의 위치에 올랐다. 그의 기분이 어땠을까? 요셉은 새로운 직책에서도 탁월한 능력을 발휘했다. 그는 선한 청지기였다. 그는 가장 어려운 시험을 통과했다. 다시 말해, 그는 성공과 번영 속에서도 청지기 정신을 잃지 않았다.

하나님은 약 7년 뒤에 내 어려운 상황을 변화시키기 시작하셨다. 흥미로운 사실은 그때에도 별반 상황이 달라진 것이 없었다는 점이다. 나는 어려운 상황을 감내하는 법을 터득했을 뿐 아니라 자족하는 마음이 생겼기 때문에 그런 상황에서 영원히 살아야 한다면 기꺼이 그렇게 할 수 있다는 자신감이 들었다. 한마디로 나는 마침내 자아에 대해 "죽었다." 바울은 로마서 6:4에서 그리스도가 우리의 삶에서 부활하시려면 우리가 마땅히 죽어야 한다고 가르친다.

인생의 역경은 과연 언제 끝날까? 나는 역경이 더 이상 역경으로 느꺼지지 않을 때 끝이 난다고 생각한다. 요셉은 높은 직위에 올랐지만 거만해지지 않았다. 왜냐하면 어려운 상황에서 만족하는 법을 배웠기 때문이다.

요셉의 과정을 거치면서 4년이 흘렀을 때 나는 새 교회에 출석하기 시작했다. 당시 미래가 매우 불투명한 44세의 이혼남이었던 나는 그 교회에서 우연히 옆자리에 앉은 한 여성을 만났다. 그녀는 예뻤고, 또 미혼이었다. 놀랍게도 하나님은 우리가 친구가 되게 하셨다. 그로부터 9개월 뒤에 나는 앤지와 결혼했다. 삶의 위기가 시작된 지 7년이 지나자, 하나님은 약간의 소유물을 팔아 모든 빚을 청산할 수 있게 해주셨다. 나는 채무에서 자유로운 몸이 되었다. 하나님은 나를 구원하셨다!

현대의 요셉

루이지애나에서 사업을 하고 있는 친구 빌 햄은 1999년에 요셉의 과정을 통과했다. 빌은 과거에 행복한 삶을 누렸다. 그는 십일조도 꼬박꼬박 냈고, 일에서도 성실했다. 그러던 중 50%의 주식을 투자했던 도급회사가 파산하는 바람에 7백만 달러를 날리고 말았다. 그 후 3년은 그의 인생에서 가장 힘든 시기였다. 그는 심각한 우울증에 빠졌다. 그는 파산한 회사를 처분했을 뿐 아니라, 그의 회사를 상대로 제기된 세 가지 소송을 상대하느라 무려 백만 달러를 지출했다.

그때의 경험은 빌에게 자아에 대해서 죽고 모든 것을 하나님께 의지하는 믿음의 도리를 터득하게 해주었다.

"나는 어려웠던 그 시절을 시편 저자가 권고한 대로 '눈물로 씨앗을 뿌리는' 시기로 삼았다네. 요셉의 경우처럼 하나님은 고난 속에서도 풍성한 결실을 맺게 해주셨네."

하나님은 당시 빌에게 일터를 믿음으로 변화시키라는 비전을 허락하셨고, 사람들이 일을 하나님의 소명이자 사역으로 간주하도록 돕겠다는 열정을 갖게 하셨다. 하나님은 그 비전을 이루게 하시기 위해 빌을 특별한 방법으로 인도하시기 시작하셨다. 빌은 하나님이 사람들에게 창의적인 생각 '재치 있는 발명'을 허락하신다는 사실을 알게 되었다. 구체적인 경위를 말하면 이렇다.

한 친구가 오일 사업에서 성장 잠재력을 지닌 발명품에 관한 정보를 빌에게 건네주었다. 빌은 그 후 새로운 기술에 시간과 자금을 투자하면서 몇 차례의 개선을 거듭한 끝에 마침내 세계 시장에 내놓을 수 있는 제품을 개발할 수 있었다.

하지만 빌은 선뜻 사업을 시작하지 않았다. 그는 먼저 18명의 기도 후원자를 조직해 회사 설립을 위해 기도하게 했다. 그들은 사업자 등록을 내고 회사를 시작하기 전에 일년 반 동안 기도했다. 빌은 기도의 후원이 없는 회사가 실패로 끝날 것이라고 믿었다. 실행단계로 접어든 후에도 기도 후원자들은 회사의 정신적 임원의 신분으로 남아 계속해서 사업상의 현안을 위해 기도를 아끼지 않았다.

회사를 설립한 다섯 명의 공동 투자자는 그들의 사업을 하나님 나라의 건설을 위한 사역으로 간주한다. 오일 회사는 막대한 이익을 창출할 수 있는 확실한 사업이지만, 그들의 최우선적인 관심은 하나님이 회사와 기술을 이용해 그분의 뜻을 이루시기를 바라는 데 있다. 그들은 스스로를 청지기로 생각한다.

이렇듯 빌은 요셉의 과정을 거치면서 새로운 일을 위한 준비를 갖출 수 있었다.

하나님의 자산을 관리하는 청지기

요셉처럼 우리는 시련을 통해 하나님의 뜻에 복종하는 법을 배운다. 하나님이 시련을 허락하시는 이유는 오직 그분만을 바라보게 하시기 위해서다. 바울은 아라비아에서 3년, 모세는 광야에서 40년, 요셉은 애굽에서 13년 동안 훈련을 받아야 했다.

하나님은 인간의 마음이 강퍅하다는 사실을 잘 알고 계신다. 그분은 뜻하신 바를 이루시기 위해 우리를 광야로 내보내 훈련시키셔서 하나님 나라의 도구로 사용될 수 있는 특권을 누리게 하신다. 하나님은 광야에서 우리를 변화시키시고, 걸림돌이 되는 것들을 제거하신다. 우리는 그 훈련을 통해 오직 하나님의 은혜를 의지하는 법을 배우게 된다. 하나님이 나를 광야에 내던지지 않으셨다면, 아직도 그분이 내게 어떤 일을 요구하시는지 깨닫지 못했을 것이다. 심지어 '오스'라는 특이한 내 이름조차도 그 과정에서 의미 있는 역할을 했던 것으로 드러났다.

나는 할아버지와 아버지를 거쳐 3대째 사업가의 길을 걷고 있다. 내 본명은 오말 스몰우드 힐먼 3세다. 부르기에는 좀 긴 이름인지라 부모님은 첫 글자 'O'와 'S'만을 따서 오스라고 부르셨다. 우리 가족 가운데 '오말'이라는 이름이 어디에서 연유했는지 아는 사람은 아무도 없다. 다만 '스몰우드'가 할아버지의 목숨을 구했던 의사의 이름이라는 사실만 알 뿐이다.

광야 시절을 거치는 동안 멘토 역할을 했던 한 사람이 내 이름의 의미를 좀더 찾아보라고 권했다. 그는 나를 향한 하나님의 소명을 발견하려면 이름의 의미를 아는 것이 중요하다고 생각했다. 또한 그는 내 아버지가 하나님의 소명에 충실하지 못하고 곁길로 나가는 바람에 이제 그 길을 다시 회복할 책임이 내게 있을지도 모른다고 했다.

우리는 성경에서 개인의 이름에 그 사람을 향한 하나님의 뜻이 반영되어 있다는 사실을 발견했다. 어떤 경우에는 중요한 변화를 나타내기 위해 이름이 바뀌기도 했다. 예를 들면, 아브람은 아브라함으로, 사울은 바울로, 야곱은 이스라엘로, 사래는 사라로 바뀌었다.

'오말'이라는 이름을 찾아보았더니, 아랍어로는 '장자' 또는 '제자'를, 히브리어로는 '재능 있는 설교자'를, 독일어로는 '유명한'을 의미했다. 성경에서 오말은 에서의 손자다 창 36:15. 이 이름은 '웅변적인'이라는 또 하나의 의미를 담고 있다. 잘 아는 대로 에서는 음식 한 그릇 때문에 장자의 권리를 상실했다.

나는 이런 일련의 의미를 되새기는 한편, 어렴풋한 기억을 근거로 아버지와 할아버지가 하나님의 소명을 이루지 못한 채 빗나간 인생을 살아왔는지도 모른다는 생각에 도달했다. 그런 생각이 들자, 하나님이 내게 그 소명을 이룰 수 있는 기회를 허락하신 듯이 보였다. 특히 당시 사업가의 길을 걷던 내게 일어난 사건들로 미루어 볼 때, 그것은 마치 퍼즐을 짜 맞추는 것과 비슷했다.

나는 외아들이었다. 나는 예수 그리스도의 제자다. 하나님은 나를 대중 연설가로 부르셨다. 이런 생각들이 퍼즐 조각처럼 하나씩 맞춰지기 시작했다.

분명히 내가 겪은 요셉의 과정은 일터에서 하나님의 백성을 위해 그분의 자산을 운용하는 청지기가 되라는 뜻을 담고 있었다. 그 외에 또 하나의 임무는, 세상의 즐거움과 출세를 위해 장자의 권리를 팔아버렸거나 약속의 땅으로 들어가기보다 애굽의 노예로 남기를 원하는 에서의 후손들이 장자의 권리를 회복할 수 있도록 돕는 일이라는 생각이 들었다. 하나님은 나를 그분의 뜻에 온전히 복종하는 도구로 만드시기 위해 사업을 파산에 이르게 하셨고, 당분간 세인의 기억 속에 사라지게 하셨다. 그런 다음에 그분은 다시 나를 일으켜 사용하셨다.

언젠가 어떤 사람이 "하나님은 큰 시련을 통해 위대한 성인을 배출하시고 그를 높은 위치에 서게 하신다."[4]고 했다. 광야 시절은 잠시 거치는 과정이다. 하나님은 뜻하시는 계획을 다 이루시면, 우리를 다시 일으키신다. 하나님은 우리에게 사명을 주시고, 그 사명을 이루게 하시려고 광야에서 적절한 준비 기간을 거치게 하신다. 광야를 두려워하지 말라. 그곳은 전에 듣지 못했던 하나님의 음성을 들을 수 있는 장소다. 우리의 우상들이 제거되는 곳도 광야고, 전에 체험하지 못했던 하나님의 임재를 체험할 수 있는 곳도 광야다.

---

4. Henry T. Blackaby and Tom Blackaby, *The Man God Uses* (Nashville, TN: Broadman and Holman Publishers, 1999), n.p.

성 · 경 · 공 · 부 · 가 · 이 · 드

1. 출애굽기 4:2-17을 읽어보라. 모세의 삶에서 지팡이는 무엇을 상징하는가? "네 손에 있는 것이 무엇이냐"는 하나님의 질문에 모세는 어떤 태도를 취했는가? 이 사건이 우리의 삶에 의미하는 바는 무엇인가?

2. 사무엘상 9:6을 읽어보라. 사울이 이스라엘의 초대 왕으로 선택되기까지 일어났던 일련의 상황을 생각해 보라. 모세와 사울이 어디에 있을 때 하나님의 부르심이 임했는가? 하나님은 일터에 있는 백성에게 어떤 식으로 임하시는가?

3. 헨리 블랙커비는 『하나님을 경험하는 삶』에서 "현재 상태에 머물러 있는 한 하나님과 함께 갈 수 없다."고 했다. 이 말은 삶에서 하나님의 뜻을 이루려면 먼저 우리 자신이 변화되어야 한다는 뜻이다. 이 말을 직업 활동에 종사하는 기독교인들의 삶에 어떤 식으로 적용할 수 있을지 생각해 보라.

4. 밥 멈퍼드는 "다리를 절지 않는 기독교 지도자를 조심하라."고 말했다. 이 말은 무슨 의미인가?

5. 요셉이 겪었던 4가지 시험을 각각 말해 보라. 시편 55:12-14을 읽어보라. 이 말씀은 '요셉의 과정'에 나타나는 4가지 시험 가운데 어느 것을 말하는가? 도덕적 순결을 시험하는 관문을 통과할 수 있는 유일한 방법은 무엇인가?

6. 요한복음 10:11과 12:25을 읽어보라. 일터에서 하나님의 역사를 체험하려면 어떤 리더십이 필요한가?

7. 골로새서 3:17, 23-24을 읽어보라. 직장생활의 소명에 충실하면 무엇을 받게 되는가?

Chapter 4
일터의 증인이 갖추어야 할 자질

"주 우리 하나님의 은총을 우리에게 임하게 하사 우리 손의 행사를 우리에게 견고케 하소서 우리 손의 행사를 견고케 하소서"(시 90:17).

"일터에서 하나님의 이상을 구현할 수 있는 모범적인 기독교인으로 살아가려면 어떤 자질을 갖추어야 하는가?"라는 질문에 어떻게 대답할 수 있겠는가? 이는 일반 대중매체에서 가장 흔히 접하게 되는 질문이다.

지난 몇 년 동안 나는 기독교 신앙으로 직장을 변화시키고 있는 신자들을 관찰해 왔다. 그 결과 4가지 중요한 자질을 발견했다. 성령의 인도하심을 받는 직장인이 되려면 이 4가지 자질이 반드시 필요하다. 하나씩 차례로 살펴보자.

첫 번째 자질 : 탁월한 업무능력

몇 년 전 직장에 다니는 기독교인들을 위한 잡지를 출판한 적이 있다. 친구에게 한 권을 주었는데, 보고 나더니 대뜸 "기독교 잡지라는 생각이 전혀 안 드는데?"라고 했다. 무슨 뜻으로 그런 말을 한 것일까? 그의 말에는 기독교인들이 만들어내는 많은 물건의 질이 비기독교인들이 만들어내는 물건의 질보다 못한 경향이 많다는 의미가 담겨 있었다. 즉, 그의 말에는 기독교인이 하는 일을 폄하하는 비난의 의미가 담겨 있었다.

일터를 기독교 신앙으로 변화시키는 데 필요한 4가지 자질 가운데 하나는 탁월한 업무능력이다. 성경을 보면 브살렐이라는 사람이 나온다. 하나님은 그를 선택해 언약궤를 설계하고 제작하는 중요한 임무를 맡기셨다. 그는 성경에서 성령이 충만한 사람으로 일컬어진 첫 번째 사람이다. 성경을 읽어보자.

"여호와께서 모세에게 일러 가라사대 내가 유다 지파 훌의 손자요 우리의 아들인 브살렐을 지명하여 부르고 하나님의 신을 그에게 충만하게 하여 지혜와 총명과 지식과 여러 가지 재주로 공교한 일을 연구하여 금과 은과 놋으로 만들게 하며 보석을 깎아 물리며 나무를 새겨서 여러 가지 일을 하게 하고"출 31:1-5.

기독교인의 일은 모든 점에서 탁월해야 한다. 왜냐하면 우리 안에는 하나님의 성령이 역사하고 계시기 때문이다.

다니엘과 그의 친구들도 일처리 능력이 탁월했다.

"왕이 그들과 말하여 보매 무리 중에 다니엘과 하나냐와 미사엘과 아사랴와 같은 자 없으므로 그들로 왕 앞에 모시게 하고 왕이 그들에게 모든 일을 묻는 중에 그 지혜와 총명이 온 나라 박수와 술객보다 십 배나 나은 줄을 아니라"단 1:19-20.

특히 그 가운데서도 다니엘은 그 탁월한 능력을 인정받아 왕의 총애를 한 몸에 받게 되었다. 다니엘서 6:1-3을 읽어보자.

"다리오가 자기의 심원대로 방백 일백이십 명을 세워 전국을 통치하게 하고 또 그들 위에 총리 셋을 두었으니 다니엘이 그중에 하나이라 이는 방백들로 총리에게 자기의 직무를 보고하게 하여 왕에게 손해가 없게 하려 함이었더라 다니엘은 마음이 민첩하여 총리들과 방백들 위에 뛰어나므로 왕이 그를 세워 전국을 다스리게 하고자 한지라."

다니엘은 귀감이 될 만한 관리였다. 그는 자신의 직무를 잘 처리했다. 그것이 왕이 그를 존중했던 이유였다.

애틀랜타에 본사를 두고 있는 '칙-필-에이'Chick-fil-A라는 미국에서 두 번째로 큰 치킨 레스토랑 체인점이다. 이 회사의 창업 목적은 "맡겨진 모든 일을 충실히 관리하는 청지기로서 하나님을 영화롭게 하고, 회사가 접촉하는 모든 사람에게 긍정적인 영향을 미치는 것"이다. 이 회사는 기독교 정신에 입각해 경쟁이 치열한 패스트푸드 사업에서 양질의 제품을 선보임으로써 모두에게 귀감이 되고 있다. 칙-필-에이의 체인망은 전국에서 가장 빠르게 성장하고 있으며, 최근에는 연간 매출이 거의 20억 달러에 육박했다.

칙-필-에이의 가장 뚜렷한 특징 가운데 하나는 주일에는 식당을 열지 않는다는 것이다. 회사를 설립한 트루엇 캐시는 1946년에 레스토랑 사업을 처음 시작했는데, 그때부터 "안식일을 거룩하게 지키라"는 하나님의 명령에 따라 주일에 가게 문을 열지 않았다. 다른 쇼핑몰 운영자들은 일요일에도 가게 문을 열어야 한다고 여러 차례 주장했지만, 그는 그때마다 "우리는 7일 동안 가게 문을 여는 사람들보다 6일

동안 더 많은 매상을 올리고 있지요."라며 신념을 굽히지 않았다. 그의 말은 사실로 입증되었다. 지금은 일요일에 문을 열어야 한다는 쇼핑몰의 요구를 감안할 필요가 전혀 없게 되었다.

칙-필-에이에 가면 그곳 직원들이나 분위기가 다른 곳과 다르다는 사실이 금방 느껴진다. 어린아이들이 즐겨 먹는 음식을 만드는 칙-필-에이는 교육과 가치관과 성실한 인격을 강조한다. 회사가 기독교 신앙을 공공연히 표하지는 않더라도, 겉으로 드러난 행동을 통해 이미 많은 사람이 좋은 인상을 받고 있다. 특히 해마다 회사가 주는 장학금 혜택을 받고 있는 젊은 직원들의 경우에는 더욱 그렇다.

그밖에도 회사는 어린이의 인격 형성 프로그램과 입양아 가정 운영을 비롯한 사회봉사 활동에도 많은 관심을 기울이고 있다. 나는 칙-필-에이 본사에서 여러 차례 강연한 바 있다. 그리고 트루엇과 아들 댄도 만나 보았다. 그들 회사는 검소하면서도 품격 높은 인상을 준다.

또 다른 예로 애틀랜타에 근거지를 두고 있는 모기지 회사 '홈뱅크' HomeBanc를 들 수 있다. 홈뱅크는 사우스이스트 지역에서 규모가 가장 큰 모기지 회사 가운데 하나다. 경영주 팻 플루드는 홈뱅크의 성공 원동력은 직원들이 만족할 수 있는 환경을 조성하는 데서 비롯한다고 주장한다. 모든 결정이 "직원의 행복은 곧 고객의 행복이고, 고객의 행복은 곧 주식의 상승이고, 주식의 상승은 곧 이익의 증대이다."라는 공식에 근거한다.

하지만 홈뱅크의 급속한 성장은 한때 그러한 성공을 가능케 했던 기본적인 가치관을 자칫 상실할 뻔한 위기를 가져왔다. 팻은 그런 현상이 나타나는 것을 보고(예를 들어 엘리베이터에서 마주친 부하 직원들의 이름을 더 이상 기억하지 못하는 현상) 즉시 회사 내에 '사람들과 문화를 담당하는 부서'를 만들었다. 그는 출석교인이 3,000명에 이르는 교회를 설립한 52세의 목회자를 직원담당 임원으로 위촉했다.

직원들의 관계와 탁월한 업무능력에 대한 홈뱅크의 혁신적인 접근방식은 세인의 각광을 받기 시작했다. 당연한 결과였다. 『애틀랜타 비즈니스 크로니클』과 『애틀랜타 매거진』은 홈뱅크를 2004년도 최우수 회사 가운데 하나로 선정했다. 앞서 2003년에는 조지아 히스패닉 상업회의소로부터 '올해의 회사'로 선정되기도 했다. 이밖에도 『올랜도 센티넬』은 홈뱅크를 '맞벌이 가정을 위한 최우수 100대 기업'으로 선정했고, 『잭슨빌 매거진』은 '인간을 생각하는 최우수 25대 기업'의 하나로 선정했다. 아울러 홈뱅크는 『포춘』에 '일하기 좋은 100대 기업'에 2년 연속 이름을 올렸다. 2004년에는 39위를, 2005년에는 20위를 각각 차지했다.[1]

기독교인들이 탁월한 업무능력을 발휘하지 못하면 일터에서 그리스도의 영광이 실추될 수밖에 없다. 우리는 모든 일을 주님께 하듯이 해야 한다골 3:17. 사람들의 존경을 받기 위해서는 탁월한 업무능력을 발휘해야 한다. 물론 탁월한 업무능력이 사람들을 그리스도에게 인도하는 가장 중요한 수단은 아니다. 하지만 업무능력이 탁월하지 못하면 쉽게 불신을 살 수밖에 없고, 결국에는 그리스도를 전할 수 있는 기회가 박탈된다. 우리는 필요할 경우에는 오 리를 가자면 십리를 가주고, 주변 사람들을 섬기기 위해 최선을 다하며, 다른 누구보다도 일을 잘 할 수 있어야 한다.

---

1. Sheri Bell-Rehwoldt, "Why Like Ike?" *HR Innovator*, November-December 2004, p. 33.

두 번째 자질 : 순전한 인격

아서 코난 도일 경은 지인들 사이에서 세인의 존경을 받는 저명한 인사 열두 명을 골라 장난을 쳤다. 그는 "즉시 도망치시오. 모든 것이 발각되었소."라는 전문을 열두 사람에게 발송했다. 그러자 하루도 채 못 되어 열두 사람 모두가 해외로 도피하는 사태가 빚어졌다.[2] 그들 모두가 무언가를 숨기고 있었다는 증거였다. 포장을 벗기자 그들의 참 모습이 드러났다. 말하자면 도덕성이 중요하다는 뜻이다.

1983년 12월, 프린스턴 종교연구소는 갤럽이 『월스트리트 저널』을 위해 실시한 획기적인 설문조사를 출판했다. 직장인들의 윤리의식을 살펴보기 위한 조사였는데, 아프지도 않은데 아프다고 출근하지 않거나, 소득세를 속이거나, 회사 재산을 개인 용도로 사용하는 것과 같은 항목이 포함되었다. 결과는 매우 실망스러웠다.

가장 놀라운 결과는, 기독교인과 비기독교인의 윤리의식이 큰 차이를 보이지 않았다는 것이었다. 기독교인이 직장 내에서 비기독교인에게 도덕적으로 별다른 영향력을 행사하지 못한다는 의미였다. 조사자들은 "이 결과는 종교 지도자들에게 큰 충격일 것이며, 앞으로 종교 지도자들이 미국 내에서 일고 있는 새로운 종교적 관심을 단지 종교 활동에 참여하는 것에 그치게 하지 말고 깊은 영적 헌신에 이르게 하는 방향으로 이끌어야 할 필요성이 있다는 점을 보여준다."[3]고 했다.

---

2. Paul J. Meyer, *My Work Is My Ministry: They Are One and the Same!* (Waco, TX: Paul J. Meyer Resources, 2003), p. 18.
3. Gallup Organization and Princeton Religious Research Center, Secular Studies of Religious Behavior survey, December 1983.

2000년 초부터 미국 내에서 도덕적 실패가 연속적으로 일어나고 있다. 2002년 『포춘』에 실린 한 논문은 "아서 앤더슨, 엔론, 샐러먼 브라더스 같은 회사가 몇 사람의 부정행위 때문에 파산 지경에 이르렀다. 이들 회사에 존재하는 썩은 사과들은 모두 동일한 환경, 즉 부패한 기업문화에서 자라난 열매들이다. 업무책임제와 근무태도에 관한 규율을 아무리 강화한다고 해도 모든 직원의 행위를 일일이 감시하는 것은 불가능하다. 하지만 기업문화는 알게 모르게 일선에서 일하는 직원들에게 영향을 미쳐 감독하지 않아도 올바른 결정을 내릴 수 있게 해야 한다. 문제가 발생한 기업을 보면 대개 아무런 제한조치 없이 서로의 이익이 충돌함으로써 그릇된 기업문화가 형성되는 경우가 많았다. 부패한 기업문화는 부패한 행위를 양산한다."[4]고 강조했다.

순전한 인격의 부재는 어제 오늘의 이야기가 아니다. 성경에는 많은 사례가 발견된다. 그 가운데 가장 유명한 사례는 선지자 엘리사의 종 게하시였다. 그렇게 위대한 선지자의 곁에서 하나님의 능력을 직접 눈으로 목격했던 사람이 어떻게 그런 도덕적 실패를 자초할 수 있겠느냐고 생각할 테지만 실제로 그런 일이 발생했다.

엘리사는 나아만의 문둥병을 고쳐 주고서도 아무런 보상이나 금전을 요구하지 않았다. 나아만은 물질로 고마움을 표시하고 싶어했지만, 엘리사는 "나의 섬기는 여호와의 사심을 가리켜 맹세하노니 내가 받지 아니하리라" 왕하 5:16고 거절했다. 하지만 게하시는 주인의 생각에 동의하지 않았다. 그는 이익을 챙길 수 있는 절호의 기회가 왔다고 생

---

4. Ram Charan and Jerry Useem, "Why Companies Fail," *Fortune*, May 2, 2002, p. 50.

각하고 적극적인 행보를 취하기 시작했다.

"하나님의 사람 엘리사의 사환 게하시가 스스로 이르되 내 주인이 이 아람 사람 나아만에게 면하여 주고 그 가지고 온 것을 그 손에서 받지 아니하였도다 여호와의 사심을 가리켜 맹세하노니 내가 저를 쫓아가서 무엇이든지 그에게서 취하리라 하고"왕하 5:20.

하나님은 정직하지 못한 게하시를 문둥병으로 심판하셨다. 그의 인생은 참혹하게 변했다. 그는 더 이상 하나님의 선지자를 섬기는 특권을 누리지 못했다.

내 상황은 절박한데 다른 사람들이 번영하는 모습을 지켜보며 종으로서 살아가는 것은 매우 어렵다. 욕망과 질투심이 인격과 윤리를 내버릴 정도로 커질 때 우리는 매우 위험한 상황에 처하게 된다. 그런 경우에는 하나님의 도움이 충분하지 못하다고 생각하고 그분이 베푸신 보호 장벽 밖으로 걸어 나오게 된다.

나는 시편 15편을 '윤리의 시편'이라고 부른다. 『메시지』는 시편 15편을 이렇게 번역한다.

"여호와여 주님께 식사 초대를 받을 수 있는 사람이 누구인가요? 주님의 손님 명부에 우리가 어떻게 이름을 올릴 수 있을까요? '그러려면 정직하게 행하고, 공의를 일삼고, 진리를 말하라. 친구에게 상처를 주지 말고, 이웃을 비난하지 말고, 망령된 자를 멸시하고, 어떤 희생이 따르더라도 약속을 지키고, 정직하게 벌고, 뇌물을 받지 말라. 그렇게 산다면 너는 결코 블랙리스트에 오르지 않을 것이다.'"

복종의 열매를 통해 하나님이 우리에게 허락하시는 것에 만족하는 신앙 인격을 함양하지 않으면 누구나 게하시처럼 될 수 있다.

세 번째 자질 : 사랑과 섬김

한 친구가 그의 친구에 대해 들려준 이야기다(그를 맥스라고 하자). 맥스는 고용주를 사랑으로 대한 것 때문에 많은 고난을 당해야 했다. 맥스는 화물선에서 일했고, 그의 고용주는 화물선 선장이었다. 그는 성실한 근로자였지만, 고용주는 기독교 신앙을 가졌다는 이유로 그를 조롱하고 미워했다. 맥스는 종종 사람들에게 기독교 신앙을 전했다. 어느 날, 그는 선장의 여자친구를 그리스도에게 인도했다. 그녀는 기독교 신앙을 받아들인 후부터 선장과 잠자리를 하지 않았다.

선장은 크게 분노했다. 그는 점심을 먹고 있는 맥스에게 가서 주먹을 휘두르기 시작했다. 맥스는 묵묵히 맞고만 있었다. 하지만 곁에서 그것을 지켜보던 두 사람이 선장에게 달려들어 그를 두들겨 패기 시작했다. 선장은 응급치료가 필요할 정도로 심하게 두들겨 맞았다.

맥스는 처참해진 선장의 모습을 보고 다가가서 그를 부축했다. 선장은 맥스가 자기에게 흠씬 두들겨 맞고서도 그런 사랑을 베푸는 것을 보고 감동한 나머지 눈물을 흘리기 시작했다. 그는 어떻게 두들겨 맞으면서도 그런 사랑을 베풀 수 있는지 도저히 그 이유를 알 수 없었다. 선장은 그 즉시 그리스도를 영접했다.

성경은 우리가 죄인이었을 때 그리스도가 오셔서 우리의 죄를 속하심으로써 영생을 누리게 하셨다고 증언한다. 직장인 가운데는 그리스도의 사랑을 알지 못하는 사람이 많다. 기독교인은 일터에서 그리스도의 사랑을 보여줄 수 있는 유일한 존재다. 성경은 "인자가 온 것은 섬김을 받으려 함이 아니라 도리어 섬기려 하고 자기 목숨을 많은 사람의 대속물로 주려 함이니라"마 20:28고 말씀한다.

전에 누군가가 "사람들은 얼마나 많은 지식을 갖고 있느냐가 아니라 얼마나 진실한 마음을 갖고 있느냐에 관심을 기울인다."[5]고 했다. 직장에서 진정으로 다른 사람들에게 관심을 기울여야만 신뢰받는 사람이 될 수 있고, 또 사람들의 귀감이 될 수 있다.

최근에 나는 한 회사의 CEO에게 전화 한 통을 받았다. 그는 가족이 보내주고 있는 『TGIF』 명상록을 읽으며 감동을 받는다고 했다. 그는 기독교인이 아니었다. 그날 오후, 나는 떠날 시간이 얼마 남지 않은 상황에서 그와 대화를 나누기 시작했고, 결국 그는 그리스도를 영접했다. 나중에 그는 내가 떠날 시간이 촉박한 상황에서도 열심히 자기 말에 귀를 기울여 주어서 깊은 인상을 받았다고 했다. CEO로서 늘 시간에 쫓겼던 그는 시간의 할애를 사랑과 섬김의 표현으로 받아들였던 것이다. 세상 사람들이 원하는 것이 바로 이것이다.

네 번째 자질 : 표적과 기사

일터의 증인에게 필요한 네 번째 자질은 표적과 기사를 일으키는 능력이다. 초대 교회는 지식이나 윤리, 또는 봉사만으로 주변 사회에 영향을 끼치지 않았다. 그들은 또한 하나님의 능력을 보여주었다. 성경은 "사도들의 손으로 민간에 표적과 기사가 많이 되매"행 5:12라고 기록한다.

예수님은 사도들에게 성령의 기름 부음을 통해 기적을 행하는 능력을 주셨다. 그분은 "내가 진실로 진실로 너희에게 이르노니 나를 믿는 자는 나의 하는 일을 저도 할 것이요 또한 이보다 큰 것도 하리니 이는

---

5. Source unknown.

내가 아버지께로 감이니라"요 14:12고 말씀하셨다. 안타깝게도 하나님이 우리의 일터에서 기적을 베풀기를 원하신다는 것을 깨닫지 못하는 기독교인들이 많다. 우리는 복음을 믿는 것으로 만족하고 그 능력을 부인하는 잘못을 범해 왔다.

오늘날 하나님은 새로운 신자들, 즉 일터에서 날마다 그분의 능력을 체험하고 있는 신자들을 육성하고 계신다.

나이지리아의 변호사 에메카가 바로 그런 신자 가운데 한 사람이다. 몇 년 전 에메카는 한 모임에서 "물리적인 상황을 변화시키는 영적 능력"이라는 주제로 강연을 한 적이 있다.

에메카는 자기 나라에서 있었던 대법원 소송과 관련한 이야기를 전했다. 그는 그 소송에서 다섯 가지 변론을 제기하려고 했다. 재판날 아침에 그는 아내와 몇몇 수습 변호사와 함께 자기 방에서 기도를 드렸다. 그는 기도하는 동안 "첫 번째부터 네 번째 변론은 제기하지 말고, 다섯 번째 변론만 말하라."는 성령의 감동을 느꼈다.

에메카는 법정에서 판사에게 다섯 가지 변론 가운데 네 가지는 생략하고 마지막 것만 말하겠다는 의사를 밝혔다. 판사는 다소 놀라면서도 그렇게 하라고 허락했다. 그는 다섯 번째 변론을 집중적으로 밝힌 후에 자리에 앉았다. 이번에는 검사 차례였다. 그는 약 12분 동안 떠듬거리며 자신의 입장을 개진하려고 애썼지만 일관된 주장을 펴지 못했다. 마침내 그는 판사 앞에 가더니 "판사님, 유감스럽게도 변호사가 처음 네 가지 변론을 포기했군요. 저는 이 소송을 포기하기를 원합니다."라고 했다. 검사는 처음 네 가지 변론에 대한 답변만을 준비했던 것이다. 결국 승리는 에메카에게 돌아갔다.

하나님은 초자연적인 방법을 통해 그에게 소송에서 승리할 수 있는 전략을 알려주셨다. 그는 처음에는 성령의 명령을 이해하지 못했지만 기꺼이 순종했고, 그 결과 하나님은 승리를 안겨 주셨다.

척 립카는 미네소타 엘크리버에 산다. 그가 사는 마을은 미니애폴리스에서 40마일 정도 떨어진 곳으로 인구는 약 2만 명 정도다. 척을 비롯한 몇몇 사업가가 2003년에 은행을 세웠다. 사역의 장소로 사용하려는 목적이었다. 은행이 문을 연 지 18개월만에 은행 안에서 70명이 넘는 사람이 그리스도를 영접했고, 많은 질병 치유의 역사가 일어났다. 은행 직원들은 사무실에 모여서 고객들을 위해 기도를 드렸고, 은행 창구에 다가오는 고객들을 위해서도 종종 기도를 드렸다. 그 은행은 매일 하나님의 놀라운 역사로 인해 활기가 넘쳐난다.

나는 종종 대중매체로부터 '일터 변화시키기 운동'에 관해 인터뷰를 요청받곤 한다. 어느 날 『뉴욕 타임스』에서 인터뷰 요청이 들어왔다. 기자는 몇 차례 대화를 나눈 후 마지막에 "'일터 변화시키기 운동'에 관해 많은 것을 이해하게 되었습니다. 혹시 일터에서 실제로 그런 일이 일어나고 있는 사례가 있다면 알려주시지 않겠습니까?"라고 물었다. 나는 척 립카에게 연락해 보라고 대답했다.

나는 척에게 곧 연락이 갈 것이라고 귀띔해 주었다. 척은 그 순간부터 그 기자를 위해 기도하기 시작했다. 며칠 뒤에 척은 전화를 걸어 주님이 잡지의 기사를 통해 더욱더 활발한 일터 사역 운동이 이루어질 수 있게 하시고, 또 그 기자의 삶도 변화시켜 주시기를 원한다고 말했다. 그는 심지어 연락을 취해 온 기자에게도 주저하지 않고 그런 소망을 밝혔다.

기자는 척의 은행을 이틀 동안 방문했다. 그는 척에게 꼭 붙어 다녔다. 척의 집에서 저녁식사를 했고, 마을 모임에 참석했고, 은행 직원 모두와 인터뷰를 가졌고, 척이 은행에서 많은 사람을 위해 기도하는 모습을 지켜보았다. 기자는 그 모든 일이 실제로 일어나고 있는 현실을 보고 깊은 인상을 받았다.

기자의 방문 일정이 끝나갈 무렵, 척과 그의 친구는 기자에게 하나님의 축복을 빌어줘도 괜찮겠느냐고 물었다. 기자는 그렇게 해달라고 했다. 그들은 기자와 『뉴욕 타임스』에 하나님의 축복이 임하기를 기도했다. 기자는 크게 감동받았다. 척은 그에게 하나님과 관계를 맺으라고 권했고, 결국 그는 그리스도를 영접했다. 그로부터 2주 후에 사진기자들이 현장을 촬영하기 위해 도착했는데 그들도 그리스도를 영접했다.

기사는 2004년 10월 31일에 게재되었다. 그것은 세상의 관점에서 본 '일터 변화시키기 운동'에 관한 기사 중에서 가장 훌륭하고 포괄적인 글 가운데 하나였다. 척은 기자와 계속 연락을 주고받았으며, 두 사람은 가까운 사이로 발전했다. 그로 인해 놀라운 하나님의 역사가 많이 일어났고, 대중매체가 '일터 변화시키기 운동'에 주목하게 되었다. 그 후로 척은 『런던 타임스』를 비롯해 프랑스와 독일의 방송매체, 홍콩 신문 및 미국의 각 지역 신문과 많은 인터뷰를 갖게 되었다.

탁월한 업무능력, 순전한 인격, 사랑과 섬김의 정신, 표적과 기사는 일터의 증인이 갖추어야 할 4가지 자질이다. 하나님은 그런 기독교인을 통해 극적인 역사를 일으키신다. 하나님이 여러분의 직장 내에도 이 4가지 자질을 갖춘 증인들을 허락해 주시기를 원한다.

성 · 경 · 공 · 부 · 가 · 이 · 드

1. 일터의 증인이 갖추어야 할 4가지 자질을 말해 보라.

2. 다니엘서 1:19-20과 6:1-3을 읽어보라. 다니엘과 그의 친구들은 어떤 유형의 일꾼들인가?

3. 시편 15편을 읽어보라. 이 말씀은 어떤 성품의 소유자를 묘사하는가? 기독교인이 도덕적으로 살지 못하면 어떤 결과가 나타나는가?

4. 전에 누군가가 "사람들은 얼마나 많은 지식을 갖고 있느냐가 아니라 얼마나 진실한 마음을 갖고 있느냐에 관심을 기울인다."고 말했다. 마태복음 20:28을 읽어보라. 예수님의 말씀에 비추어 볼 때 이 말은 어떤 의미를 갖는가?

5. 요한복음 14:12을 읽어보라. "예수님이 하시는 일을 행한다"는 것은 일터의 상황에서 어떤 의미를 지니는가? 직업 윤리는 상관없이 기적만 있으면 된다고 생각하는가? 기적과 직업 윤리라는 두 개념의 중요성을 설명해 보라.

6. 비기독교인이 4가지 자질을 모두 갖출 수 있다고 생각하는가? 가부를 답하고 각각 그 이유를 밝혀라.

Chapter 5
기독교인의 4가지 유형

"너희가 만일 성령의 인도하시는 바가 되면 율법 아래 있지 아니하리라"(갈 5:18).

    지난 100년간 믿음으로 세상에 깊은 감동을 안겨준 기독교인들에 관해 잠시 생각해 보자. 즉시 떠오르는 사람 가운데 네, 다섯 명을 간추려보자.

    그들 가운데 전문 사역자는 몇 명이나 되고, 일터에서 활약한 기독교인은 몇 명이나 되는가? 아마도 전문 사역자 가운데는 빌리 그레이엄, 리스 하우웰스, 조지 뮐러, 빌 브라이트, 무디, 마더 테레사 등이 포함되었을 가능성이 높다.

    나는 "일터에서 믿음을 실천한 사람들은 과연 어디에 있는가? 왜 그런 사람들의 이름은 쉽게 거론되지 않는 것인가?"라고 묻고 싶다. 예를 들면 제레미어 랜피어(전국적인 부흥의 불꽃을 일으킨 뉴욕의 사업가), 르

투어노(수많은 사람에게 믿음의 감동을 안겨준 미국 건설회사 사장), 윌리엄 윌버포스(노예제도 폐지에 신명을 다했던 영국 정치가), 아서 기네스(잉글랜드와 아일랜드 사회에 지대한 영향을 미쳤던 기업가), 비르지타(13,000명의 사람을 가난과 노예 상태에서 건져내 근면한 삶으로 기독교 사역에 헌신하게 만들었던 5세기 아일랜드 여성)와 같은 사람들은 왜 거론하지 않느냐는 말이다.

조지 바너는 자신이 거듭난 기독교인이라고 주장하는 사람들이 미국 전체 인구의 40%에 달한다고 말했다.[1] 기업의 시장 점유율이 40%에 이른다면 그것은 참으로 굉장히 큰 영향력을 발휘할 수 있는 수치다. 예를 들어 청량음료 산업의 40%를 장악하고 있는 코카콜라 회사는 엄청난 힘과 영향력을 행사하고 있다.

기독교인들이 주변 세상에 강한 영향력을 행사하지 못하는 이유는 대부분의 신자들이 일터를 소명의 현장으로 생각하지 않기 때문이다. 에드 실보소는 『사업을 위한 기름 부으심』에서 직장에서 일하는 기독교인을 4가지 유형으로 구분했다. 그가 제시한 4가지 유형은 우리 자신을 평가할 수 있는 좋은 지표다.

1. 생존을 위해 살아가는 기독교인
2. 기독교의 원리를 따르는 기독교인
3. 성령의 능력으로 사는 기독교인
4. 일터를 변화시키는 기독교인[2]

---

1. "Annual Barna Group Survey Describes Changes in America's Religious Beliefs and Practices," The Barna Group, April 13, 2005. http://www.barna.org/FlexPage.aspx?Page=BarnaUpdateNarrow&BarnaUpdateID=186 (accessed April 2005).
2. Ed Silvoso, *Anointed for Business* (Ventura, CA: Regal Books, 2002), p. 123

나는 기독교인을 4가지 범주로 정리하지는 못했지만, 그런 유형의 기독교인들에 관해 오랫동안 연구해 왔다. 이제부터 내가 생각해 온 각 유형의 기독교인들이 지니는 특성을 잠시 살펴보기로 하겠다.

첫 번째 유형 : 생존을 위해 살아가는 기독교인

생존을 위해 살아가는 기독교인은 일터에서 믿음을 실천하려는 목적이나 열의가 전혀 없다. 그들의 직장생활에는 하나님의 임재나 능력이 나타나지 않는다. 솔로몬은 그런 사람을 이렇게 묘사했다.

"이러므로 내가 해 아래서 수고한 모든 수고에 대하여 도리어 마음으로 실망케 하였도다……사람이 해 아래서 수고하는 모든 수고와 마음에 애쓰는 것으로 소득이 무엇이랴 일평생에 근심하며 수고하는 것이 슬픔뿐이라 그 마음이 밤에도 쉬지 못하나니 이것도 헛되도다" 전 2:20, 22-23.

이 유형에 속하는 기독교인은 믿음과 직장생활을 따로 분리시킨다. 그들에게는 목적과 의미, 또는 삶의 지향점이 없다. 그들의 일은 단지 지출에 필요한 돈을 버는 것에 국한된다. 그들은 직장에서 하나님의 인도하심을 느끼지 못한다. 그들은 일터를 위해서는 물론 일과 관련한 그 어떤 문제에 대해서도 기도하지 않는다. 교회를 다녀도 단지 의무로 생각할 뿐이다.

한마디로 생존을 위해 살아가는 기독교인은 패배한 기독교인이다. 세상에는 구원의 구명정이 자신들을 이 '악한' 세상에서 데려갈 날만 기다리며 생존에만 골몰하는 기독교인들이 너무나도 많다.

두 번째 유형 : 기독교의 원리를 따르는 기독교인

　직장에서 볼 수 있는 두 번째 유형은 기독교 신앙의 원리를 따르는 기독교인이다. 미국인들은 프로그램과 체계를 세워 일하는 것을 좋아한다. 다이어트를 하거나 부부관계를 개선하려 할 때도, 구체적인 프로그램이나 확실한 방법론을 제시하는 책 따위를 선호한다. 물론 확실한 프로그램을 제시하는 방법은 나름대로 많은 유익이 있다. 그런 방법은 사람들이 단계적으로 쉽게 따라할 수 있게 해준다. 온 세상이 기독교의 원리를 따른다면 분명 더 나은 세상이 될 것이다. 하지만 이런 방법은 지식을 얻는 헬라식 사고방식에 근거한다. 하지만 초대 교회는 경험적인 지식을 추구하는 히브리식 사고방식을 지녔다.

　히브리인들은 이성에 의거한 추론이나 분석이 아니라, 복종을 통한 지혜를 습득하고자 했다. 선생은 단순히 정보만을 전달하지 않고 직접적인 삶의 경험을 통해 학생을 가르쳤다. 학생은 마음에 호소하는 학습과정을 통해 적극적으로 학습활동에 참여하는 제자로 거듭났다. 히브리식 사고는 지도자와의 인격적인 관계에 의존했다. 초대 교회 신자들이 말씀을 듣고 배우는 데 그치지 않고 행할 수 있었던 이유가 바로 여기에 있다. 초대 교회의 가르침은 다른 사람들을 섬길 수 있는 성숙하고 능동적인 사랑을 지니게 하는 데 초점이 있었다.

　2, 3세기를 거치면서 많은 헬라 학자들이 기독교 세계로 유입되었다. 그들은 이성과 논리와 수사학에 초점을 맞춘 교육 방법론을 적용했다. 헬라식 학습방식은 프로그램 중심이었으며, 많은 대중 앞에서 직접적인 인격의 접촉 없이 이루어질 때가 많았다. 헬라인들은 해야

할 것과 하지 않아야 할 것을 강조했고, 논리적인 원리를 따지는 데 주력했다. 그들은 학생들이 많은 정보와 자료를 축적하기를 기대했다.[3]

오늘날의 기독교가 세상에 깊은 영향을 미치지 못하는 이유 가운데 하나는 헬라식 교육을 받은 기독교인이 많기 때문이다. 교회에서 초자연적인 요소가 배제되는 이유도 바로 이런 식의 접근이 이루어지는 탓이다. 그런 방법은 하나님의 인도하심을 받으며 성령의 능력을 의지해 사는 것보다 논리와 이성에 많은 비중을 둔다. 바울은 고린도의 신자들에게 보내는 편지에서 헬라식 사고방식을 경계하라는 뜻으로 이렇게 말했다.

"내 말과 내 전도함이 지혜의 권하는 말로 하지 아니하고 다만 성령의 나타남과 능력으로 하여 너희 믿음이 사람의 지혜에 있지 아니하고 다만 하나님의 능력에 있게 하려 하였노라" 고전 2:4-5.

원리를 따르는 기독교인은 올바른 일을 원하는 도덕적인 사람이 될 가능성이 높다. 하지만 도덕적으로만 산다면 하나님의 능력을 경험할 수 없다. (물론 도덕적으로 살지 못하면 하나님의 능력도 경험할 수 없고, 세상의 증인이 될 수도 없다.) 성령 안에서 하나님의 능력과 자유를 경험하려면 프로그램 중심, 즉 '젖'을 먹는 단계에서 벗어나 예수 그리스도와 친밀한 관계를 형성할 수 있어야 한다. 그래야만 하나님의 능력을 경험할 수 있다.

---

3. Mike and Sue Dowgiewicz, *Restoring the Early Church* (Atlanta, GA: Aslan Group Publishing, 1996), p. 174. For a more complete examination of the Greek and Hebraic systems, see Mike and Sue Dowgiewicz, *The Prodigal Church* (pamphlet available through www.faithandworkresources.com).

세 번째 유형 : 성령의 능력으로 사는 기독교인

성령의 능력으로 사는 기독교인은 마음을 하나님께로 향하고 매사에 그분의 뜻에 복종한다. 이들 기독교인은 기도와 말씀 연구와 복종을 통해 하나님을 더욱더 의지하고 사모하는 한편, 삶에서 그분의 능력을 직접 경험한다.

이 유형의 기독교인을 구체적으로 보여주는 사례가 바로 우리 위원 가운데 한 사람이자 친구인 더그다. 어느 날 더그는 가까스로 이륙시간에 맞춰 비행기에 탄 뒤, 일반석에 마련된 자신의 자리에 앉았다. 그런데 비행기 문이 닫힌 후에 갑자기 그의 이름이 호명되면서 일등석으로 좌석을 옮기라는 방송이 들려왔다. 그는 전에 한번도 그 회사의 비행기를 타 본 적이 없던 터라 자기가 어떻게 일등석으로 옮기게 되었는지 궁금했다.

일등석 그의 옆자리에는 옷을 잘 차려 입은 신사가 앉아 있었다. 그는 한눈에도 상당한 성공을 거둔 부자처럼 보였지만, 왠지 초조한 기색이 역력했다. 더그는 '하나님이 나를 왜 이런 상황으로 인도하셨을까?'라고 생각하며, 조용히 "주님, 옆자리에 앉은 사람을 주님께 인도할 수 있는 말을 제게 허락해 주소서!"라고 기도했다. 그러자 즉시 '재정'과 '투자정보 서비스'라는 용어가 머릿속에 떠올랐다.

더그는 그것이 하나님의 기도 응답인지 자신의 생각인지를 확인해야 했다. 그는 그와 같은 일에 익숙하지 않았지만, 그것을 하나님의 응답으로 믿고 모험을 해보기로 결심했다. 그는 옆 사람에게 말문을 열었다.

"혹시 투자정보 사업을 하고 계시나요?"

그 사람은 좀 놀란 듯했다.

"그렇습니다. 헌데 도대체 어떻게 그 사실을 아셨나요?"

더그도 그 사람 못지않게 놀랐다.

"제가 그 사실을 어떻게 알았는지 알고 싶으신가요?"

"그렇습니다. 알고 싶네요."

"자리에 앉아서 기도로 하나님께 할 말을 여쭈었더니, 선생님이 투자정보 사업을 하고 있다는 사실을 구체적으로 알려주시더군요."

그는 깜짝 놀란 얼굴로, 어떻게 그런 일이 일어날 수 있느냐는 의아한 표정을 지었다. 어쨌든 그 일을 계기로 그와 더그 사이에 대화가 시작되었다. 그는 자산 규모가 320억 달러에 달하는 세계적 규모의 투자정보회사의 CEO였다. 그의 회사는 미국에서 가장 큰 투자정보회사 가운데 하나였다. 더그는 일과 사업을 믿음과 연계시키는 주제를 놓고 남은 비행 시간 동안 그와 대화를 나누었다.

그는 그리스도를 영접하지는 않았지만, 하나님의 인격적인 존재를 느꼈다. 어쩌면 그는 그 경험이 계기가 되어 나중에 복음을 받아들이게 될지도 모른다. 더그는 초자연적인 성령의 인도하심을 통해 복음의 씨앗을 뿌리게 되었고, 그런 경험은 그가 더욱더 성령의 음성에 귀를 기울일 수 있는 밑거름으로 작용했다.

나도 비슷한 경험을 한 적이 있다. 첫 번째 『TGIF』 명상록을 출판했을 때의 일이다. 당시 나는 출판계약을 맺으면서 1,000권을 내가 직접 구입하기로 했다. 나는 그 책을 빠른 시간 내에 팔 수 있을 것이라고 생각했다. 하지만 6개월간 매주 팔려나가는 양이 몇 권에 불과했다. 당시 우리는 판매 체제를 갖추지 못한 상태였다. 은근히 걱정이 앞서기 시작했다. 그러던 중 믿음으로 행하라는 하나님의 감동을 느꼈다.

예수님은 "하나님을 믿으라 내가 진실로 너희에게 이르노니 누구든지 이 산더러 들리어 바다에 던지우라 하며 그 말하는 것이 이룰 줄 믿고 마음에 의심치 아니하면 그대로 되리라 그러므로 내가 너희에게 말하노니 무엇이든지 기도하고 구하는 것은 받은 줄로 믿으라 그리하면 너희에게 그대로 되리라"막 11:22-24고 말씀하셨다.

나는 아내에게 마가복음 11장의 말씀을 실천에 옮겨 지하실에 있는 책들을 향해 "지하실을 떠나라!"고 말하는 것이 어떻겠느냐고 제안했다. 우리는 책 박스에 손을 얹고 "지하실을 떠나라!"고 명령했다. 산더미처럼 쌓인 책들을 향해 "사람들의 손에 옮겨져 그들의 삶을 변화시키라!"고도 외쳤다. 그 행동은 우리가 보기에도 매우 어리석어 보였다. 하지만 우리는 말씀을 믿는 마음으로 그렇게 했다.

그로부터 몇 시간 뒤에 텍사스 댈러스에 위치한 한 사역단체에서 전화가 걸려왔다. 300권만 보내달라는 주문전화였다. 놀랍게도 그날은 토요일이었다. 우리는 지난 6개월 동안 판매한 책보다 더 많은 책을 한 번의 거래로 팔아치웠다. 주님은 그 경험을 통해 더욱 굳센 믿음을 갖게 하셨다.

때로 하나님은 우리에게 허락하신 영적 권능을 행사하기를 원하신다. 물론 그렇다고 해서 하나님을 요술방망이처럼 생각하거나, 우리 마음대로 그분에게 어떤 일을 명령할 수 있다는 뜻은 아니다. 우리는 영적 권능을 행사할 때 하나님의 인도를 받아야 한다. 하지만 안타깝게도 그런 권능이 우리에게 주어졌다는 사실을 깨닫지 못하는 탓에 하나님이 역사하실 수 있는 기회를 드려야 한다는 생각조차 하지 못하는 사람들이 많다.

바울은 세상을 변화시키는 것은 지식이 아니라 신자들을 통해 역사하는 하나님의 능력이라는 사실을 알고 있었다. 우리도 일터를 변화시키려면 바울과 같은 생각을 지녀야 한다. 우리가 하는 모든 일이 성령의 능력에 의해 이루어져야 한다.

네 번째 유형 : 일터를 변화시키는 기독교인

성령의 능력으로 살게 되면 일터를 변화시킬 수 있는 놀라운 역사가 일어난다. 세상에 하나님 나라가 이루어지기를 간절히 바라는 기독교인은 일터에서 그와 같은 변화의 역사를 일구어낼 수 있다. 예수님은 신약성경에서 하나님 나라를 70회나 언급하셨다. 이는 구원이라는 말보다 더 많은 횟수다. 세상에 하나님 나라가 이루어질 때는 단지 구원만 이루어지는 것이 아니라 그 이상의 일, 즉 일터와 사회가 변화되는 역사가 일어난다.

2005년 1월 23일 빅토르 유슈첸코는 우크라이나 대통령에 취임했다. 취임식 이후 유슈첸코는 우크라이나의 기독교 교파를 모두 초청해 국가를 위한 기도회를 개최했다. 키에프에 있는 '만국을 위한 축복받은 하나님 나라 성회' 유럽에서 가장 큰 교회의 담임목사 선데이 아델라자는 "이는 우리나라에서 전에 볼 수 없었던 새로운 일이다. 기억하라. 우크라이나는 전에 공산사회였다."라고 말했다.

또한 유슈첸코는 거듭남의 체험이 있는 성령 충만한 신자 율리아 티모셴코를 수상으로 임명했다. 2005년 2월 3일 새 수상의 취임선서가 이루어진 공관에서, 유슈첸코 대통령은 단호한 부패 척결 의지를 천명함으로써 또 한번 전국에 충격을 안겨주었다. 유슈첸코는 연설에서 그의 정부는 세금을 횡령하지도 않고, 뇌물을 주고받지도 않으며, 돈으로 선거를 치르는 일도 없을 것이라고 못 박았다. 그는 정부의 행동에 대한 모든 책임을 짊어지겠다고 약속하는 한편, 내각과 각 정부 부처에 투명하고 공개적인 행정이 이루어져야 한다고 주장했다. 유슈첸코는 "어떤 결정도 비밀리에 이루어져서는 안 됩니다. 모든 것이 공개적으로 투명하게 이루어져야 합니다."라고 말했다.

수상에 오른 티모셴코도 연설에서 "우리 정부는 우크라이나가 전능하신 하나님 앞에 무릎을 꿇을 때 비로소 자주 자립의 국가로 거듭날 수 있다는 결론을 내렸습니다."라고 했다. 그 후 얼마 안 있어 티모셴코는 다음과 같은 성경의 원리에 입각해 국가 개혁을 추진하겠다는 개혁 프로그램을 제시함으로써 의회를 놀라게 했다.

- 믿음 _ 하나님과 국가와 시민들 상호에 대한 믿음
- 정의 _ 정의로운 사회 건설
- 조화 _ 시민과 지도자들과의 조화
- 안전 _ 개인과 국가와 국가 재산의 안전
- 생명 _ 사회 프로그램을 통해 모든 분야에 생명이 넘치는 사회
- 국제 관계 _ 우크라이나는 유럽에 통합될 것이며, 러시아와 유럽 연합을 비롯한 **타국과 호혜의 관계를 추구한다**

티모셴코가 신임 장관 명단을 공표했을 때 아델라자는 이렇게 말했다. "우리 신자들은 한때 우크라이나 KGB 수장을 지냈던 알렉산데르 투르시노프 때문에 웃지 않을 수 없었다. 그는 본래 공산 정권 아래서 침례교를 믿었던 가정에서 자랐다. 당시 KGB의 가장 중요한 임무는 종교와 신앙, 특히 침례교도와 복음주의자들을 박멸하는 일이었다. 헌데 그런 끔찍한 정부기관의 수장이었던 사람이 이제는 자신이 없애려 했던 것을 믿는 사람이 되었다. 참으로 하나님은 유머감각이 뛰어나신 분이다!"

하나님의 능력은 경건치 못한 국가도 능히 변화시킬 수 있다. 그렇다면 우리의 일터를 변화시키는 일쯤은 더욱 쉽지 않겠는가? 오늘 당장 우리의 일터에도 놀라운 변화가 일어날 수 있게 해주십사고 하나님께 기도하자.

성 · 경 · 공 · 부 · 가 · 이 · 드

1. 지난 100년 동안 세상에 지대한 영향을 미친 기독교인 네 사람을 말해 보라. 언급한 사람들 가운데 전문 사역자는 몇 명이고, 일반 직업을 가진 사람은 몇 명인가?

2. 미국 인구의 약 40%가 거듭났다고 주장한다. 코카콜라 회사는 세계 청량음료 산업의 40%를 장악하고 있다. 코카콜라 회사가 업계에 미치는 영향만큼 기독교인들이 세상에 영향을 미치고 있다고 생각하는가? 가부를 답하고, 각각 그 이유를 밝혀라.

3. 에드 실보소는 직장에서 일하는 기독교인을 4가지 유형으로 구분했다.

    1) 생존을 위해 살아가는 기독교인
    2) 기독교의 원리를 따르는 기독교인
    3) 성령의 능력으로 사는 기독교인
    4) 일터를 변화시키는 기독교인

    전도서 2:20, 22-23을 읽어보라. 이 말씀은 어떤 유형의 기독교인을 묘사하고 있는가?

4. 두 번째 유형의 기독교인은 기독교의 원리를 따르는 기독교인이다. 이런 유형의 삶은 바람직한가, 아니면 그 반대인가? 이런 유형의 삶이 이상적일 수 없는 이유를 설명하라.

5. 고린도전서 2:4-5을 읽어보라. 바울은 고린도 교회의 신자들에게 어떤 차이를 설명하고 있는가?

6. 일터를 변화시키는 기독교인이 되기 위해서는 어떤 태도를 취해야 하는가? 일터를 변화시키는 데 필요한 조처를 몇 가지만 말해 보라.

Chapter 6
율법주의

"우리의 씨름은 혈과 육에 대한 것이 아니요 정사와 권세와 이 어두움의 세상 주관자들과 하늘에 있는 악의 영들에게 대함이라"(엡 6:12).

사탄은 또 하나의 속임수, 즉 율법주의라는 강력한 영적 요새를 구축함으로써 신자들이 일터에서 그리스도의 생명을 드러내지 못하게 방해한다. 우리의 일터를 소명의 현장으로 인식하고 성령의 능력과 자유 안에서 행보하려면 마땅히 그와 같은 사탄의 속임수를 경계해야 한다. 사탄은 우리의 일터에 예수 그리스도의 역사가 일어나는 것을 절대로 원치 않는다. 일터는 사회 전반에 영향력을 행사할 수 있는 곳이다. 따라서 사탄은 모든 수단을 동원해 그런 일이 일어나지 않도록 방해한다.

피터 와그너 박사는 율법주의를 "거짓 경건을 앞세워 변화를 가로막고 현상을 유지하려는 사탄의 술책"[1]으로 정의했다. 율법주의는 속임수와 통제와 교묘한 책략으로 참된 하나님의 역사를 가로막는다. 율법주의는 구태의연한 종교제도에서 비롯하며, 현상 유지에 초점을 맞춰 하나님과의 참된 교제보다 전통을 앞세운다. 즉, 율법주의는 은혜보다는 행위에 근거한 믿음생활을 독려한다. 율법주의도 헬라식 사고방식과 마찬가지로 인간적인 노력으로 영적 지식과 은혜를 확보하려 든다. 와그너는 율법주의가 목표하는 바를 이렇게 설명했다.

> 율법주의란 종교적인 일을 행하거나 교회에 속해 있는 것으로 구원받을 수 있다는 생각을 부추긴다. 예를 들어 율법주의에 치우칠 경우 가톨릭 신자들은 마리아에게 촛불을 밝히는 의식을 통해, 침례교인들은 성경책을 들고 주일마다 교회에 나가는 행위를 통해, 루터교 신자들은 세례와 입교의식을 통해 구원받았다는 착각에 빠질 수 있다. …… 율법주의는 신자들이 성령을 충만하게 받거나, 그리스도 안에서 자유를 누리거나, 하나님의 온전하신 뜻을 추구하지 못하게 방해한다. 바울은 사탄이 교활한 술수로 마음을 오염시켜 "그리스도를 향하는 진실함과 깨끗함에서" 떠나게 만든다고 경고했다고후 11:3.[2)]

종교개혁 이전에 마르틴 루터의 가장 큰 문제는 율법주의를 극복하는 것이었다. 당시의 종교 지도자들은 루터에게 엄격한 종교 규칙을 지켜야만 구원을 받을 수 있다고 가르쳤다. 그들은 이렇게 조언했다. "마르틴, 기억하게. 혼자서 기도하는 것으로는 부족하네. 교회가 자네를 위해 기도해야 한다네. 사제가 용서를 선언했다고 해도, 선행을

---

1. C. Peter Wagner, *Freedom from the Religious Spirit* (Ventura, CA: Regal Books, 2005). p. 12.
2. Ibid., p. 14.

행하지 않으면 하나님의 응답을 받을 수 없네. 교회와 가난한 자들을 위해 더 많은 물질을 헌납하고, 로마와 예루살렘을 더 많이 순례하고, 세상의 쾌락을 더 많이 포기할수록 하늘나라에 갈 수 있는 기회가 더욱 많아진다네. 가장 안전하고 확실한 방법, 즉 하나님을 가장 기쁘시게 할 수 있는 방법은 모든 것을 포기하고 수도사가 되는 길이지."[3]

루터는 처음에는 그 말을 믿고 행위로 구원받기 위해 노력했다. 오늘날에도 직장 내에서 종교개혁 이전의 루터처럼 생각하고 행동하는 기독교인들이 많다.

율법주의는 "혈과 육"에 속한 문제가 아니다. 율법주의는 하나님의 은혜를 받는 유일한 방법은 선을 행하는 것이라고 신자들을 속인다. 율법주의는 믿음의 중요성을 무시하고 그리스도의 십자가를 통해 주어진 은혜를 무가치하게 만든다.

신약성경의 율법주의

갈라디아 교회의 신자들은 처음에는 오직 하나님을 신뢰하는 단순한 믿음에서 출발했다. 하지만 그들은 도중에 종교적 규율과 규범에 초점을 맞춰 인간의 노력에 근거한 신앙생활에 치우치게 되었다. 바울은 율법주의에 치우친 갈라디아 교회의 신자들을 엄히 꾸짖었다.

어리석도다 갈라디아 사람들아 예수 그리스도께서 십자가에 못 박히신 것이 너희 눈앞에 밝히 보이거늘 누가 너희를 꾀더냐 내가 너희에게 다

---

3. Frederick Nohl, *Luther* (St. Louis, MO: Concordia Publishing House, 1962), p. 26.

만 이것을 알려 하노니 너희가 성령을 받은 것은 **율법의 행위로냐** 듣고 믿음으로냐 너희가 이같이 어리석으냐 성령으로 시작하였다가 이제는 육체로 마치겠느냐 너희가 이같이 많은 괴로움을 헛되이 받았느냐 과연 헛되냐 너희에게 성령을 주시고 너희 가운데서 능력을 행하시는 이의 일이 율법의 행위에서냐 듣고 믿음에서냐 갈 3:1-5, 강조 첨부.

종교적 규칙과 규범에 초점을 맞춰 인간의 노력에 근거한 신앙생활은 우리 모두가 쉽게 빠질 수 있는 율법주의의 덫이 아닐 수 없다. 율법주의는 예수님이 약속하셨던 풍성한 삶과는 거리가 멀다요 10:10. 바울은 "내가 그리스도와 함께 십자가에 못 박혔나니 그런즉 이제는 내가 산 것이 아니요 오직 내 안에 그리스도께서 사신 것이라 이제 내가 육체 가운데 사는 것은 나를 사랑하사 나를 위하여 자기 몸을 버리신 하나님의 아들을 믿는 믿음 안에서 사는 것이라 내가 하나님의 은혜를 폐하지 아니하노니 만일 의롭게 되는 것이 율법으로 말미암으면 그리스도께서 헛되이 죽으셨느니라" 갈 2:20-21, 강조 첨부고 했다.

마태복음에는 율법주의에 의지해 하나님을 섬겼던 부자 청년에 관한 이야기가 나온다. 그는 율법을 잘 지켰기 때문에 스스로 경건한 삶을 살고 있다고 생각했다. 하지만 그의 삶에는 그리스도를 향한 전적인 헌신을 가로막는 우상 하나가 도사리고 있었다. 성경의 기록을 읽어보자.

어떤 사람이 주께 와서 가로되 선생님이여 내가 무슨 선한 일을 하여야 영생을 얻으리이까 예수께서 가라사대 어찌하여 선한 일을 내게 묻느냐 선한 이는 오직 한분이시니라 네가 생명에 들어가려면 계명들을 지키라가로되 어느 계명이오니이까 예수께서 가라사대 살인하지 말라, 간음하지 말라, 도적질하지 말라, 거짓 증거하지 말라, 네 부모를 공경하라, 네 이웃을 네 몸과 같이 사랑하라 하신 것이니라 그 청년이 가로되 이 모든 것을 내가 지키었사오니 아직도 무엇이 부족하니이까 예수께서 가라사대 네가 온전하고자 할진대 가서 네 소유를 팔아 가난한 자들을 주라 그리하면 하늘에서 보화가 네게 있으리라 그리고 와서 나를 좇으라 하시니 그 청년이 재물이 많으므로 이 말씀을 듣고 근심하며 가니라 마 19:16-22.

부자 청년은 스스로의 힘으로 율법을 지킴으로써 하나님의 은혜를 받고자 했다. 하지만 예수님은 문제의 핵심을 정확히 간파하심으로써 율법주의의 위선을 드러내셨다.

초대 교회가 날로 성장하면서 교회 지도자들이 더 많이 필요하게 되었다. 그들은 일곱 집사를 선출해 사역을 맡겼는데, 그중에 믿음과 성령이 충만한 스데반이 포함되었다. 사도행전 6:7-8을 읽어보자.

"하나님의 말씀이 점점 왕성하여 예루살렘에 있는 제자의 수가 더 심히 많아지고 허다한 제사장의 무리도 이 도에 복종하니라 스데반이 은혜와 권능이 충만하여 큰 기사와 표적을 민간에 행하니."

스데반은 기사와 표적을 행함으로써 온 도시에 깊은 영향을 미쳤다. 하지만 그의 사역은 당시의 율법주의자들을 격동시켰고, 결국 그는 최초의 순교자가 되어야 했다.

일터의 율법주의

율법주의는 거짓 경건과 독단적인 교리 체계로 참된 하나님의 역사와 은혜를 가로막을 뿐 아니라, 신자들에게 형식적이고 율법적인 삶을 부추긴다. 일터에서도 신자들 사이에 그런 율법주의의 특징이 드러날 수 있다. 몇 가지 예를 들면 다음과 같다.

- 일터에서 이루어지는 모든 상황에 하나님의 약속을 적용하지 않고 기도도 하지 않는다.
- 성경의 진리를 일터 외에 개인과 가족과 교회에만 국한시킨다.
- 직장 동료에게 말로 복음을 전할 뿐 자신의 업무에 최선을 다하지 않는다.
- 다른 동료와 관계를 맺는 것보다 종교적인 활동과 행사에 우선 순위를 둔다.
- 직장 내의 비기독교인들과 관계를 설정할 때 '우리(또는 나)'와 '그들'이라는 태도를 취한다.
- 직장 내에서 이루어지는 기도 모임이나 성경공부 모임에 동참하지 않는다. 즉, 그런 활동은 교회에서 이루어지는 일일 뿐 직장에서는 불필요하다고 생각한다. 한마디로 신앙생활을 교회라는 울타리 안에만 국한시킨다.
- 기독교 신앙으로 일터와 도시와 국가를 변화시켜야 한다는 생각을 '순진한' 또는 '지나치게 열성적인' 생각으로 치부하거나 교리적으로 잘못되었다고 판단한다.

다음 페이지에 제시된 '자기점검표'를 통해 당신의 삶이 율법주의에 얼마만큼 영향을 받고 있는지 진단해 볼 수 있을 것이다. 당신에게 해당된다고 생각되는 난을 찾아 체크해 보라.

자기점검표

☐ 신앙생활과 직장생활이 구분되어야 한다고 생각한다.

☐ 의무감에서 그리스도를 전한다.

☐ 배척받을까봐 두려워 비기독교인들과 관계를 맺지 못한다.

☐ 비기독교인들에 대해 '그들보다 내가 더 낫지.' 하는 태도를 취한다.

☐ 다른 사람들에게 단지 신앙을 가진 사람이 아니라 엄격하고 교조적인 사람이라는 평을 듣는다.

☐ 종교 활동에 참여해야 한다는 강박관념을 느끼며, 신앙생활에 편안함이 없다.

☐ 다른 사람들에게 그리스도를 전하지 못한 것에 대해 죄책감을 느낀다. (이때의 죄책감은 성령의 책망과는 다르다.)

☐ 종교적인 논쟁을 벌일 때가 많다.

☐ 복음의 메시지가 잘 정리된 내용이 있어야만 복음을 전할 수 있다.

☐ 낯선 사람과 신앙에 관한 대화를 나눌 때 예수님이나 하나님과의 인격적인 관계보다는 교회나 교회 활동을 화제로 삼는 경향이 있다.

☐ 본인의 생각에 동조하지 않는 사람들을 사랑하거나 인정하지 않으며, 그들과 잘 어울리지 못한다.

☐ 그리스도를 향한 헌신에서가 아니라 의무감과 죄책감 때문에 교회 지도자들의 말을 따른다.

□ 변화를 원치 않으며 종교적인 전통을 선호한다.
□ 고린도전서 12장과 14장, 에베소서 4:11에 기록되어 있는 은사들이 오늘날에는 더 이상 존재하지 않는다고 생각한다. 또는 그런 은사들을 인정하더라도 본인이 아닌 전문 사역자들에게만 해당한다는 입장을 취한다.
□ 그리스도의 정신을 본받는 사역이 자연스럽게 이루어지는 공동체를 발전시켜 나가는 데는 관심이 없고, 단순히 종교적인 활동을 하기 위한 목적으로 관계를 형성한다.
□ 하나님 나라와 온 교회를 향한 헌신보다, 본인이 속한 교파와 교단에 대한 충성심이 더 크다.
□ 정부를 선을 증진시키는 도구라기보다 멀리해야 마땅한 '악의 제국'으로 생각한다.
□ 다른 기독교 사역단체들과 손을 잡고 함께 노력해야 할 필요가 없다고 생각한다. 아울러 본인의 방법이 최상이라고 믿고, 자신의 신념과 교리는 절대로 타협할 수 없고 다른 사람이 모두 본인의 입장에 동조해야 한다고 생각한다.

견고한 진 : 마음의 장벽

바울은 사탄과 그의 수하들의 자기 보호 영역을 "견고한 진"이라는 말로 표현했다. 사탄의 "견고한 진"은 도시와 국가는 물론 가정과 일터와 교회에서 각 개인을 지배하는 생각과 사고방식에도 깊이 뿌리를 내리고 있다. 이것을 제거해야만 승리할 수 있다. 오직 말씀과 성령의 강력한 무기만이 사탄의 견고한 진을 무너뜨릴 수 있다. 바울은 이렇게 말했다.

> 우리의 싸우는 병기는 육체에 속한 것이 아니요 오직 하나님 앞에서 견고한 진을 파하는 강력이라 모든 이론을 파하며 하나님 아는 것을 대적하여 높아진 것을 다 파하고 모든 생각을 사로잡아 그리스도에게 복종케 하니 고후 10:4-5.

사탄의 견고한 진이 개인의 직장생활에 깊은 영향을 미친 사례 하나를 살펴보자.

제리는 사회적인 성공을 거두었지만 알코올 중독에 사로잡힌 아버지 밑에서 성장했다. 제리는 물질적으로는 부족한 것이 아무것도 없었지만, 부모의 애정을 느끼지 못했으며, 다른 사람들과도 솔직한 관계를 맺지 못했다. 제리가 십대였을 때 아버지가 갑자기 세상을 뜨고 말았다. 그 후 제리의 가족은 경제적으로도 매우 어려워졌다. 제리는 그때부터 불안감과 공포 속에서 삶을 영위해야 했다.

제리는 다시는 경제적 어려움에 빠지지 않겠노라고 스스로에게 굳게 맹세한 뒤 열심히 일에 매달렸고, 개인적 차원에서나 사업적 차원에서 여러 사람들과 친분 관계를 넓혀갔다. 결국 제리는 큰 성공을 거두었다.

그의 신앙생활은 겉으로는 동료들의 본보기였다. 하지만 깊이 들여다보면 결코 그렇지 못했다. 그는 스트레스를 많이 받으면 분노를 터뜨리기도 하고, 직원들이 잘못을 하면 호된 질책과 비난을 일삼곤 했다. 또한 경제적으로 실패한 자들과는 어울리지 않으려고 했다. 그러던 중 제리의 결혼생활이 파국을 맞게 되었고, 사업에도 큰 위기가 닥쳐 재정적으로 어렵게 되고 말았다.

하지만 제리는 사탄의 견고한 진을 이해하고 있던 몇몇 친구들의 조언에 힘입어 겉으로 드러난 여러 가지 징후 가운데 그 동안 살아오면서 형성된 불안과 공포의 심리가 도사리고 있었다는 점을 깨닫게 되었다. 한마디로 제리는 아버지와 할아버지처럼 일에 매진함으로써 사람들과 상황을 통제해 불안을 억제하고자 했던 것이다.

제리는 성령의 역사를 통해 그 동안 주변 사람들에게 저지른 잘못을 깨닫고 용서를 구하며 깨어진 관계를 회복하고자 노력했다. 그는 하나님과 가정을 가장 먼저 생각하고, 그 다음에 친구와 일에 관심을 기울이는 쪽으로 삶의 우선 순위를 재정비했다. 사탄의 견고한 진이 마음에서 제거되자, 하나님은 물론 사람들과의 관계가 개선되기 시작했다. 제리는 새 사람이 되었다. 그는 생전 처음 신앙생활에서 하나님의 사랑과 자유를 느끼게 되었다.

현재 제리는 하나님의 손길에 의해 삶의 모든 측면이 회복되는 모습을 지켜보며, 날마다 일과 생활에서 하나님의 기적적인 손길을 증거하며 살아가고 있다.

제리는 다름 아닌 바로 나 자신이다. 내가 사탄의 견고한 진이 개인 생활은 물론 직장생활에 지대한 영향을 미친다는 점을 말할 수 있는 이유는, 나 자신이 직접 그런 삶을 경험해 보았기 때문이다.

대대로 이어지는 마귀의 견고한 진

창세기 1, 2장을 읽어보면 하나님이 인간에게 모두 7가지 기본 욕구(존엄성, 권위, 축복과 양식, 안전, 목적과 의미, 자유와 한계, 사랑과 관계)를 허락하셨다는 사실을 알 수 있다. 이들 기본 욕구를 하나님이 정해 주신 틀 밖에서 충족시키려고 할 때 마귀의 견고한 진, 즉 불건전한 심리가 대대로 이어질 계기가 마련되기 쉽다.[4]

하나님은 과거에 형성된 마음의 장벽을 극복할 수 있도록 충만한 사랑을 베풀고자 하신다. 바울은 에베소서 3:16-18에서 하나님의 충만한 사랑에 대해 이렇게 말했다.

그 영광의 풍성을 따라 그의 성령으로 말미암아 너희 속사람을 능력으로 강건하게 하옵시며 믿음으로 말미암아 그리스도께서 너희 마음에 계시게 하옵시고 너희가 사랑 가운데서 뿌리가 박히고 터가 굳어져서 능히 모든 성도와 함께 지식에 넘치는 그리스도의 사랑을 알아.

나는 점차 사탄의 견고한 진이 어떤 식으로 작용하는지 좀더 깊이 이해하면서 나의 가족사를 철저히 파헤치기 시작했다. 나는 아버지와

---

4. Mike and Sue Dowgiewicz, *Demolishing Strongholds* (Atlanta, GA: Aslan Group Publishing, 1996), p. 19.

할아버지가 하나님을 비롯해 가족들과 어떤 식으로 관계를 맺었는지를 살펴보는 한편, 그로 인해 내가 발견한 사실들을 다른 가족들에게 일일이 물어보았다. 결국 나는 우리 가족들이 다음과 같은 공통된 징후를 가지고 있다는 사실을 알게 되었다.

- 일(공적 업무, 스포츠, 사업 성공 따위)을 통해 인정을 받고 싶은 욕망
- 재정적인 안전을 구축하려는 욕망
- 친밀감의 결핍
- 행위를 바탕으로 하나님과 관계를 맺으려는 성향
- 사람들과 상황을 지나치게 통제하려는 성향

이는 나로서는 참으로 놀라운 발견이 아닐 수 없었다. 나는 그런 불건전한 심리가 3대에 걸쳐 우리 집안에 영향을 미쳐 왔다는 사실을 깨달았다. 하지만 이제는 그리스도의 능력으로 그런 장벽을 부서뜨릴 수 있는 기회가 내게 주어졌기 때문에 더 이상 다음 세대로 그것이 유전되지 않을 것이다.

마음의 장벽은 무의식 속에 존재하기 때문에 위기가 닥쳐 문제의 뿌리를 깊이 들여다볼 기회가 오지 않으면 쉽게 알 수 없다. 나는 율법주의의 특성 가운데 하나가 통제의 욕구라는 점을 깨달았다. 인간에게는 스스로 삶의 고삐를 쥐려는 성향이 있다. 그 결과 나름대로 삶을 통제할 체계를 확립해 하나님께 인정받고 싶어한다. 하지만 그것은 행위에 근거해 하나님의 은혜를 받으려는 것으로, 십자가의 사역을 무로 돌린다. 이러한 마음의 장벽은 다음의 과정을 거쳐 형성된다.

1. 사탄이 부추기는 생각이 마음에 침투한다.
2. 그 생각을 마음에 담아둔 채 가만 놔두면, 감정에 영향이 미치기 시작한다.
3. 감정이 영향을 받으면, 결과적으로 행동이 유발된다.
4. 계속해서 동일한 행동을 일삼으면, 습관으로 정착된다.
5. 습관이 발전하면, 곧 견고한 진, 즉 마음의 장벽이 형성된다.[5]

태어날 때부터 선글라스를 착용했다고 상상해 보자. 그 사람은 선글라스를 통해 세상을 바라보며 자랄 것이다. 그런 경우, 누군가가 선글라스를 벗고 사물을 보면 더 잘 볼 수 있다고 말해주지 않으면 실제로 그 사실을 알 수 없다.

이제 생전 처음 선글라스를 벗고 방안을 바라본다고 생각해 보자. 방안이 이전보다 훨씬 더 밝고 선명해 보일 것이다. 마음의 장벽은 이런 식으로 작용한다. 마치 인격의 일부인 것처럼 스스로를 위장해 평생토록 그 상태로 살아가도록 속인다. 하지만 예수님은 우리의 마음과 생각을 온전히 새롭게 하기를 원하신다. 마음의 장벽은 우리가 새롭게 회복되는 것을 방해한다.

율법주의와 마음의 장벽을 넘어

비록 정도의 차이는 있을지 몰라도 율법주의와 마음의 장벽에서 완전히 자유로운 사람은 없다. 하지만 하나님은 그런 부정적인 요인에

---

5. Ibid.

지배당하거나 그것을 다른 사람에게 강요하는 태도를 원치 않으신다. 본인에게 율법주의를 지향하는 성향이나 마음의 장벽이 존재한다고 생각하거든, 기도와 회개를 통해 하나님의 용서를 구하는 한편 다른 사람을 용서함으로 극복해야 하며, 극복한 뒤에는 다시 속박되지 않도록 주의해야 한다. 그러려면 무엇보다 하나님의 능력이 필요하다. 잘못된 생각으로 행할 때 민감하게 분별할 수 있는 깨달음을 허락하시고, 성령의 능력으로 마음과 생각을 새롭게 하여 온전한 자유를 누리게 해주십사고 기도하라.

율법주의나 마음의 장벽의 영향을 받는 사람을 만나거든 먼저 기도하라. 하나님께 지혜와 사랑을 구함과 동시에, 그 사람을 자유롭게 해주십사고 기도하라. 만일 그 사람이 잘못을 범하거든, 그의 행위와 태도를 못마땅하게 여겨 앙심을 품지 말고 오히려 용서하라. 또한 예수님의 삶을 본으로 삼아 참 믿음에 바탕을 둔 신앙생활을 지향하라.

무엇보다도 로마서 12:2 말씀대로 마음을 새롭게 함으로 늘 변화를 받으라. 하나님께 속하지 않은 영적 세력을 견제하는 데는 그것이 가장 확실한 방법이다. 성령의 능력으로 하나님과 굳센 관계를 형성해 간다면 직장 동료들에게 하나님 나라의 축복을 전할 수 있을 뿐 아니라 사탄의 방해공작을 뛰어넘을 수 있는 힘이 생길 것이다.

1. 피터 와그너 박사는 율법주의를 "거짓 경건을 앞세워 변화를 가로막고 현상을 유지하려는 사탄의 술책"으로 정의했다. 일터의 변화에 걸림돌로 작용할 수 있는 율법적인 태도 몇 가지를 말해 보라.

2. 고린도전서 11:3을 읽어보라. 바울은 어떤 의도로 그런 말을 했는가?

3. 갈라디아서 3:1-5을 읽어보라. 갈라디아 신자들이 기울였던 인간적인 노력은 무엇인가?

4. 일터에서 나타날 수 있는 율법주의의 예를 4가지만 들어보라.

5. 고린도후서 10:4-5을 읽어보라. 마귀의 '견고한 진'은 우리의 우선적인 목적을 채우게끔 유도한다. 그런 상황이 어떻게 발생하는지 말해 보라.

6. 에베소서 3:16-18을 읽어보라. 바울은 무엇을 위해 기도하는가? 바울의 기도가 이루어지는 것을 가로막는 '견고한 진'은 무엇인가?

Chapter 7
새로운 기회 : 일터

"사람이 먹고 마시며 자기 일에 만족을 느끼는 것보다 더 좋은 것이 없으나"(전 2:24, 현대인의성경).

그 동안 기독교인들은 이른바 '10/40 창'이라고 불리는 지역에 살고 있는 불신자들을 복음화하는 일에만 전념해 왔다. '10/40 창'이란 적도에서 북쪽으로 경도 10도와 40도에 해당하는 지역, 즉 아프리카에서 동아시아에 이르는 지역을 말한다. 하지만 사람들을 그리스도께 인도할 수 있는 또 하나의 창문, 즉 '9/5 창'이 있다. 이것도 '10/40 창'에 못지않은 기회의 창문이다.[1]

앤지 트레이시는 조지아 애틀랜타에서 '질병 통제 본부'의 간부로 일하고 있다. 그녀는 자신의 직장에서 10년 전부터 지금까지 크리스마

---

1. Parts of this chapter have been adapted from Os Hillman, "The Faith at Work Movement: Opening the 'Nine to Five' Window," *Regent Business Review*. http://www.regent.edu/acad/schbus/maz/busreview/issue9/faithatwork.html (accessed March 2005). Copyright 2003. Used by permission. All rights reserved.

스 축하행사의 명칭이 어떻게 변화되어 왔는지 설명한다. 그녀의 설명은 해가 거듭되면서 크리스마스 행사에서 하나님이 배제되어 온 사실을 여실히 보여준다. 그녀의 말을 들어보자.

"처음에는 '크리스마스 파티'였죠. ……그러다가 논쟁이 벌어졌고, 누구의 기분도 상하게 해서는 안 된다는 원칙 아래 '홀리데이 파티'라고 일컫게 되었어요. 하지만 3년 전부터는 '홀리데이'라는 말도 사람들에게 크리스마스를 생각나게 해준다는 이유로 아예 없어지고, '눈송이 축제'라는 명칭으로 부르게 되었답니다."

하지만 지금은 상황이 크게 바뀌었다.

'눈송이 축제'라는 말이 도입되었을 즈음, 하나님은 앤지의 마음에 기독교인들끼리 직장 내 모임을 가질 수 있는 기회를 마련하자는 생각을 갖게 하셨다. 그녀는 조찬 기도회나 점심식사 시간을 이용해 모임을 가질 수 있을 것이라고 생각했다. 처음에는 15명 내지 20명 정도만 참석해도 소기의 목적을 거둘 것 같은 생각이 들었다. 하지만 하나님은 그보다 더 큰 역사를 준비하셨다.

회사에서 '기독교인 모임'을 승인한다는 공식 발표가 있은 지 하루도 채 못 되어 200명이 넘는 사람들이 전화와 메일을 통해 동참을 원하는 메시지를 보냈다. 전화를 걸어온 사람들은 정말로 책상에 성경책을 놔둘 수 있고, 점심시간에 회의실에서 성경공부를 할 수 있느냐고 물었다. 더욱이 앤지는 그 동안 사람들의 눈을 피해 점심시간에 지하실에서 성경책을 읽었던 직원들도 있었다는 사실을 알게 되었다.

하지만 이제는 신자, 불신자를 막론하고 많은 사람이 이따금 그녀의 사무실에 들러 자신과 가족을 위해 기도를 부탁할 정도로 상황이 완전히 변했다. 특히 신자들은 직장 내에서 일어나는 문제를 성경의 관점에서 처리할 수 있는 방법에 대해 그녀의 조언을 구하곤 한다. 오늘날 '기독교인 모임'은 1개 중앙위원회와 8개 실행부서 및 여러 명의 진행자와 400명이 넘는 회원을 거느린 조직으로 성장했고, 전국의 '질병 통제 본부' 지부마다 성경공부가 활발히 진행되고 있다. 지난 5년 동안 앤지의 경우와 비슷한 사례들이 속속들이 드러나고 있다.

일터 변화시키기 운동

'9/5 창'에 참가한 지도자들은 대부분 이 운동을 '일터 변화시키기 운동'으로 간주한다. 일반 대중매체도 이 운동에 깊은 관심을 기울이기 시작했다.

1999년 11월 『비즈니스 위크』는 5년 전만 해도 직장 내의 신앙운동과 관련된 모임이 단 하나뿐이었지만 지금은 수백 개에 이른다고 보도했다. 기사에 따르면, 정기적으로 모임을 갖는 직장 내 기도 모임과 성경공부 모임이 10,000개를 웃돈다고 한다.[2]

그로부터 2년 뒤 『포춘』도 "하나님과 비즈니스"라는 제목의 머리 기사에서 직장 내 신앙운동의 실체를 보여주는 기사를 게재했다.

"일과 신앙을 구별했던 기존의 종교적 통념을 깨뜨리는 신자들의 자발적인 운동이 활발히 일어나면서 미국의 기업 문화가 크게 바뀌고 있다."

기사의 내용을 좀더 인용하면 다음과 같다.

---

2. Michelle Conlin, "Religion in the Workplace," *Business Week*, November 1999.

역사적으로 이들 신자는 표면에 드러내지 않은 채 일터에서 자발적으로 모임을 만들어 기도하며 성경을 공부해 왔다. 하지만 이제 이들은 좀더 조직적인 체계를 갖추고 대중 앞에 모습을 드러내어 변화를 주도하고 있다. 하나님과 비즈니스를 연관 지으려는 사람들이 전면에 나서서 이곳저곳에서 믿음의 투쟁을 전개하고 있다. 이들은 신앙은 사적인 문제라는 미국의 오랜 통념을 거부하며 비즈니스를 순수하지 못한 활동으로 폄하하는 종교인들에게 도전한다. 이들은 종교는 필연적으로 분열을 야기할 수밖에 없다는 사업가들과도 견해를 달리한다.[3]

2004년과 2005년에 미국의 주요 언론사도 이러한 추세를 보여주는 글을 앞다퉈 보도했다. 『뉴욕 타임스』는 "사무실 책상에서 이루어지는 하나님과의 동행"이라는 제목으로 직장 내의 기독교 운동을 머리기사로 보도했다. 기사 내용을 일부 인용하면 다음과 같다.

그 동안 기독교인들은 주일에만 신앙을 실천하고 주중에는 신앙과 전혀 무관한 삶을 살아왔다. 그 결과 직장 내에 도덕 불감증이 존재하게 됨으로써 남을 짓밟고서라도 경력을 쌓으면 된다는 경쟁주의, 무기력한 일상 업무의 반복, 사회와 환경과 동료 인간의 이익을 도외시한 채 오직 이윤만을 추구하는 기업정신이 판을 치게 되었다.[4]

이 기사는 조지 부시가 가장 많은 득표율로 재선되기 며칠 전에 발표되었다. 당시 유권자의 관심을 자극했던 가장 중요한 문제는 이라크 전이나 경제, 보건 문제가 아니라 도덕과 가치관이었다.

---

3. Marc Gunther, "God and Business," *Fortune*, July 2001, p. 59.
4. Russell Shorto, "With God at Our Desks," *New York Times Magazine*, October 31, 2004, p. 42.

그 후 『런던 타임스』, 『보스턴 글로브』, CBS 아침뉴스, 『애틀랜타 저널』, CNN, 공영 라디오 방송, 『로스앤젤레스 타임스』, 『샬럿 옵저버』 등과 같은 대중매체에서도 이 문제가 집중적으로 조명되었다(지금 거론된 대중매체는 단지 몇 개의 예에 불과하다). 2005년 3월 31일 CNBC는 직장 내의 신앙운동에 관한 내용을 1시간에 걸쳐 보도했다. 전세계의 방송매체도 홍콩, 독일, 영국, 프랑스의 중요한 보도기관이 전하는 이야기나 특집기사에 집중적인 관심을 기울이기 시작했다.

일반 대중매체의 기사와 특집방송의 뒤를 이어 기독교 방송매체도 '일터 바꾸기 운동'을 대대적으로 보도했다. 예를 들면 『뉴맨』, 『카리스마』, 『크리스천 투데이』, 『디시전』과 같은 잡지에 많은 이야기가 실렸다. 기독교 지도자들도 이런 흐름을 의식하기 시작했다. 『하나님을 경험하는 삶』의 저자 헨리 블랙커비는 『포춘』선정 500대 기업의 CEO들과 정기적으로 모임을 갖고 직장 내의 신앙운동과 관련된 문제를 논의했다. 그는 "지금 내가 목격하는 이런 현상, 즉 직장 내에서 하나님의 역사가 이토록 심도 깊게 일어나고 있는 현상은 전례를 찾아볼 수 없는 일이다."[5]라고 증언했다.

사업가이자 '그리스도를 위한 기업인들의 모임' 회사 임원들과 CEO들의 모임 의장인 켄트 험프리스는 위와 같은 대중매체의 평가에 적극적으로 동의한다.

"전국의 기업인들이 간절히 동참을 원하고 있고, 같은 생각을 지닌 사람들을 찾기 위해 웹사이트를 뒤지고 있다. 직장 내의 신앙운동에

---

5. Michael Ireland, *"Experiencing God* Author Sees Hope for Revival Among Businessmen." http://www.crosswalk.com/525158.html (accessed April 2005).

대해 조금이라도 알고 있는 사람들은 그 운동의 필요성을 십분 이해한다. 그들은 자신의 일터에서 신앙운동을 시작하는 데 필요한 실질적인 도움과 훈련을 절실히 요구하고 있다."

'일터 변화시키기 운동'은 비단 미국에만 국한된 현상도 아니고, 회사의 임직원들 사이에서만 일어나는 현상도 아니다. 2장에서 언급한 바 있는 남아프리카 출신 비즈니스 컨설턴트 브렌다 드차모이는 이렇게 말한다.

"내가 목격한 바에 따르면, 직장이 하나님을 위한 중요한 선교 현장이며, 좀더 깊은 관심을 기울여야 할 분야라고 생각하는 사람들과 교회가 점점 더 많아지고 있다. 이런 현상은 지난 한 해 동안 특별히 크게 두드러졌다. 직장 내의 신앙운동에 관해 관심을 기울이는 직장인들이 더욱 많아졌다. 교회에서만 하나님을 섬기고 교회 문을 나서면 하나님과 전혀 상관없이 살아가는 신앙생활은 결국 아무런 영향력을 미치지 못한다는 점을 깨달은 교회 지도자들이 점점 늘고 있는 추세다."

내가 매일 메일로 발송하는 묵상 자료 『TGIF』의 구독자 한 사람은 "선생님의 묵상 자료를 읽기 전까지는 일을 사역으로 생각해 본 적이 없습니다. …… 지금 저는 목회자의 사역에 못지않은 사역을 행하고 있다고 생각합니다. 차이가 있다면 서로의 선교 현장이 다르다는 점뿐이지요."라고 했다. 사람들은 신앙생활을 직장생활에 접목시키는 방법을 간절히 알고 싶어한다. 그들은 소명의식으로 충만한 삶을 살고자 한다.

이처럼 이른바 '9/5 창'이라고 일컬어지는 선교 현장이 오늘날 곳곳에서 모습을 드러내고 있을 뿐 아니라, 몇 가지 전략적인 방법을 통해 나날이 성장하고 있다.

기업의 움직임

비즈니스 컨설턴트이자, 10만권 이상 팔린 베스트셀러 『God is my CEO』의 저자인 래리 줄리언은 자신의 말이 일반 기업들 사이에서 전혀 예상하지 못했던 뜨거운 호응을 불러일으켰다고 말한다.

"나는 내 인생의 대부분을 보냈던 직장에 내가 지닌 기독교 신앙을 접목할 수 있는 방법을 열심히 찾고 있다. 전에 없었던 새로운 기회의 문이 활짝 열렸다."

기회의 문이 열렸다는 사실을 부분적으로 입증하는 분명한 증거는 지난 5년 동안 기업 내에서 기독교 유연단체의 숫자가 크게 늘어났다는 점이다.

2002년 스티브 하일랜드가 '코카콜라 기독교인 모임'을 설립하고, 본사에서 처음 모임을 가졌다. 참석자는 275명이었다. 모임의 취지는 "기독교인 공동체를 설립해 서로를 지원하는 한편, 코카콜라 회사의 가치관과 목적을 널리 진작시키고, 신앙생활과 직장생활을 접목함으로써 균형을 이루는 것"이었다. 이들은 매주 기도 모임과 성경공부 모임을 갖고, 어려운 사람들을 도와줌으로써 자신들의 목표를 이루고 있다. 자메이카가 허리케인 피해를 입었을 때는 90박스가 넘는 의류를 모아 보냈다. 물품을 보내는 데 필요한 경비는 회사가 부담했다.

2003년 '도요타 기독교인 모임'이 켄터키 공장에서 결성되었다. 1996년에는 '콘티넨털 항공사'에서 불과 두 사람이 점심시간에 기도 모임을 갖기 시작했는데, 지금은 회원수가 450명이 넘는다. 그밖에 AOL, 아메리카 항공사, 인텔, 텍사스 인스트루먼트, 시어스에서도 그와 유사한 모임이 결성되었다. '시어스 기독교인 모임'은 심지어 자체 성가대를 운영하고 있을 뿐 아니라, 회사에서 경비를 지원받아 찬양 CD를 제작하기도 했다.

이들 주요 기업 내에서 일어나고 있는 신앙운동에서 관찰할 수 있는 두드러진 특징 하나는, 직장 내 신자들의 결속력이 교회에서보다 더욱 단단하다는 점이다. 이들 직장 내 기독교인들은 교파의 차이를 전혀 염두에 두지 않고 오로지 직장에서 믿음을 실천한다는 공통된 명제를 추구하고 있다.

학계의 움직임

오늘날 거의 100개에 달하는 기독교 대학에서 성경의 관점에서 비즈니스를 이끌고 운영할 수 있는 방법을 학생들에게 가르치는 비즈니스 프로그램이 진행되고 있다. 더욱이 1980년에 미미하게 시작했던 '기독교 경영학과 교수 협의회'가 지금은 회원수가 400명이 넘는 단체로 성장했을 뿐 아니라, 『성경의 진리와 비즈니스』라는 자체 학술잡지까지 펴내고 있다.

물론 이런 학술운동은 비단 기독교 학교에만 국한되지 않는다. '기독학생회' IVF는 하버드, 듀크, 컬럼비아, 다트머스, MIT, 미시건, 노스웨스턴, 시카고, 휘튼, 버지니아, 예일, 런던 비즈니스 스쿨을 비롯해 전세계의 유명 경영대학원에서 기독교인 모임을 결성하고 지원하는 일을 돕고 있다.

출판계의 움직임

하나님의 역사가 일어날 때마다 사람들은 그것을 책으로 펴내곤 한다. '일터 변화시키기 운동'도 예외는 아니다. 『직장과 신앙』Marketplace Annotated Bibliography의 저자 피트 해먼드는, 1930년대에 직장 내의 신앙 운동을 다룬 몇 권의 책이 출판된 이후 2000년에는 약 350권이 출판되었으며, 2005년 초에는 무려 2,000권 이상으로 불어났다고 했다. 개중에는 리더십과 경영에 초점을 맞춘 것도 있고, 직장 내에서 기독교인들이 직면하는 문제를 다룬 것도 있다. 그 후로 이런 흐름은 계속 증폭되고 있는 추세이며, 앞다퉈 이 문제를 책으로 출판하는 출판사가 점점 더 늘고 있다.

최근에는 신앙생활과 직장생활을 접목하는 방법을 알고 싶어하는 기독교인들을 위해 몇 권의 잡지가 출판되었다(『직장의 개혁』, 『리젠트 비즈니스 리뷰』 등). 이밖에도 많은 웹사이트와 메일 회보가 대량으로 출현하면서 직장 내 신앙운동을 더욱 가속화시키고 있다.

사역단체의 움직임

'국제 일터 사역 운동 협의회', 'Scruples.net', '매일의 삶 사역협의회' 같은 사역단체가 '일터 변화시키기 운동'을 지원하는 한편, 그 성장 과정을 계속 추적하고 있다. 2004년 예일 대학은 '신앙과 문화를 위한 예일 센터'를 설립했다. 이 단체는 종교적인 신앙이 문화와 상호 교류하며 사람들의 삶을 형성하는 과정을 이해하고 진작시키는 것을 목표로 여러 가지 프로그램과 단기 프로젝트를 후원하고 있다.

14년 전만 해도 일터 선교를 목표로 하는 비영리 사역단체가 25개 내지 50개에 불과했다. 하지만 지금은 무려 900개가 넘는다. 2004년 "국제 일터 사역 운동 단체 목록"International Faith and Work Directory에는 직장생활과 신앙생활의 접목을 추구하는 사역단체와 사업체와 교회의 숫자가 1,400개 정도 등록되었다.

이들 사역단체 가운데 규모가 큰 몇몇 단체를 손꼽으면, '기독교 사업가 모임', 'ICCC', '국제 사업가 모임', '그리스도를 위한 국제 기업 모임', 'C12 그룹' '기독교 경영자 협의회' 등이 있다. 이들 사역단체 대부분이 날로 성장가도를 달리고 있다. 그 대표적인 사례가 바로 '기독교 경영자 협의회'다. 이 단체는 1976년 소수의 회원으로 시작했지만, 지금은 1,500개가 넘는 사역단체와 사업체와 교회를 대표해 약 3,500명의 CEO, 사업주, 중간간부, 목회자, 교회 행정가 등이 참여하고 있다.

이들 대형 사역단체의 경우에는 회원들에게 각종 훈련과 펠로십 경험을 제공하고 있지만, 나머지 소규모 '일터 변화시키기 운동' 단체는 주로 행사 위주의 활동을 하고 있고, 조찬기도회나 설교 시리즈, 또는 성경공부 자료를 제공하는 것이 보통이다. 대표적인 사례가 애틀랜타에서 부동산 사업에 종사하고 있는 빌 레너드의 경우다.

그는 1년에 한 번 '하이테크 조찬기도회'를 후원함으로써 하이테크 산업체 종사자들에게 복음을 전하려고 노력한다. 매년 10월이면 하이테크 산업체 리더들이 구원의 메시지가 포함된 말씀을 들으러 온다. 조찬기도회 후원자들은 사업 동료를 데려와 복음을 듣게 한다. 2004년에는 1,500명이 참석했다. '하이테크 조찬기도회'는 부동산업계와 투자정보산업 분야에서 유사한 행사들이 개최되는 기폭제가 되었다.

교회의 움직임

몇 년 전 조지 바너와 마크 해치는 "일터 사역은 앞으로 새로운 차원의 교회 사역으로 자리잡게 될 것이다."[6]라고 말했다. 그들이 예상했던 일이 지금 현실화되고 있다. 하지만 『당신의 일은 하나님께 중요하다』의 공동저자 더그 셔먼은 아직도 교회는 이런 흐름에 둔감하다고 경고한다.

"우리의 조사에 따르면, 성경이 가르치는 신앙을 직장생활에 적용하는 훈련을 받지 못한 기독교인이 전체의 90내지 97%에 달한다."[7]

내가 보기에 이러한 통계는 사실이다. 기독교인들에게 성경이 가르치는 신앙을 직장생활에 의도적으로 접목시키려고 노력하느냐는 질문을 던지면, 그때마다 불과 몇 사람만 그렇다고 할 때가 많다. 하지만 서서히 변화가 일어나고 있음을 보여주는 긍정적인 징후가 몇 가지 있다.

빌 해먼 박사는 '크리스천 인터내셔널'의 분과인 '크리스천 인터내셔널 비즈니스 네트워크' 의장이다. 이 사역단체는 "선지자적이고 사도적인 직장인들의 모임"을 비전으로 삼고 있는 미국 내에서나 국제적으로나 가장 발달된 교회 중심의 일터 사역 운동 단체 중 하나다.

캘리포니아에 근거지를 둔 더그 스패더의 '하나님의 교회와 일터 사역'은 직장 내 신앙 운동을 목표로 한 교회 사역으로, 가장 최근에 이루어진 선구자적인 노력의 일환이다. 스패더의 사역은 견고한 일터

---

6. George Barna and Mark Hatch, *Boiling Point: Monitoring Cultural Shifts in the 21st Century* (Ventura, CA: Regal Books, 2001), p. 253.
7. Doug Sherman and William Hendricks, *Thank God It's Monday* radio program (Grand Rapids, MI: Discovery House Publishers, 2000).

사역의 인프라를 구축하는 것을 목표로 한다. 그의 비전은 교회가 선교사를 외국에 파송하듯이 신자들을 직장에 파송하여 신앙운동을 일으키는 것이다.

"우리는 신자들이 교회 내에서 완벽한 일터 사역을 시작할 수 있도록 돕는다. 이 사역은 단지 '우리 아침식사 시간에 모입시다.' 라는 정도로 끝나지 않는다. 이것은 교회의 핵심 사역에 마땅히 포함시켜야 할 근본 사역이다."

스패더는 이런 비전 외에도 교회 내에서 완벽한 일터 사역이 이루어져야 할 좀더 포괄적인 이유를 제시한다.

"특히 서구사회의 경우 영적 부흥운동을 이끈 주체는 비단 교회 지도자들만이 아니라 오히려 사회 곳곳에서 각종 직업에 종사하는 사람들에 의해 촉발되고 추진되는 것이 보통이다."

켄터키 루이스빌의 사우스이스트 크리스천 교회에서 일터 사역을 담당하고 있는 카렌 존스도 "나는 일터 사역 운동이 하나님의 역사라고 믿는다. 확신하건대 직장은 새로운 선교 현장이다."라고 강조했다. 사우스이스트 크리스천 교회는 2년 전에 스패더의 모델을 기초로 일터 사역 운동을 발족시켰다. 존스의 최초 목표는 2만 명의 교인 가운데 절반을 동참케 하는 것이었다.

"통계에 따르면 한 사람이 약 25명에게 영향력을 행사할 수 있다고 합니다. 만일 교인들이 직장을 선교 현장으로 인식한다면, 우리는 일주일 안에 25만 명에게 영향을 미칠 수 있죠."

그렇게만 된다면 도시 전체에 엄청난 영향을 미칠 것이 분명하다.

5천 명이 출석하는 미네소타의 우드데일 교회 또한 스패더의 모델을 채택했다. 제프 볼린 전도 목사는 일터 사역 운동이 다른 방법으로는 결코 복음을 전할 수 없는 사람들에게 다가갈 수 있는 기회를 제공했다고 말한다.

"목회자가 사무실을 찾아갈 수 있는 방법은 없습니다. 하지만 교인들은 이미 그곳에 몸담고 있죠. 우리 목회자는 그리스도를 필요로 하는 사람들과 접촉하는 일에나 인간관계와 친구관계를 형성하는 일에 지극히 제한적이죠. 하지만 우드데일 교회의 신자들은 도처에 존재한답니다."

부흥의 촉매제

댈러스 윌러드는 "성스러운 것과 속된 것의 구분은 존재하지 않는다. 그런 구분은 모두 인위적이다. 인간 생활의 합법적인 역할과 기능을 신성한 것과 속된 것으로 나누는 행위가 개인의 삶과 그리스도의 사역에 이루 헤아릴 수 없는 해악을 끼치는 이유가 바로 거기에 있다. 거룩한 하나님의 백성은 '교회 사역'에만 관심을 쏟는 일을 중단하고, 복음전도나 목회사역, 또는 선교사역에 쏟아 부었던 것과 똑같은 열정으로 농업, 법률, 교육, 금융, 언론, 출판 등과 같은 분야에서 하나님의 거룩한 명령을 받들어야 한다."[8]고 강조했다.

이 메시지가 '일터 변화시키기 운동'을 통해 전국에 메아리치고 있다. '일터 변화시키기 운동'은 진정한 영적 부흥을 일으킬 수 있는 커다

---

8. Dallas Willard, *The Spirit of the Disciplines: Understanding How God Changes Lives* (SanFrancisco: HarperCollins Publishers, 1991), p. 214.

란 잠재력이 있다. 저명한 교회 성장 전문가이자 풀러신학교 교수를 역임한 피터 와그너 박사는 이러한 영적 부흥을 미리 예견했다.

"나는 일터 사역 운동이 종교개혁에 버금가는 영향력을 행사할 수 있는 잠재력이 있다고 확신한다. 나는 이 운동에 관한 책을 84권 읽었고, 54쪽에 달하는 원고를 직접 썼다. 나는 이것을 성령이 교회에 하시는 말씀으로 믿는다."[9]

향후 5년간 직장 내 기독교인들을 통해 다음과 같은 하나님의 역사가 일어날 것으로 기대된다.

- 직장생활이 사역이라는 사실을 이해하도록 도와줄 수 있는 훈련 과정이 각 교회 안에 개설되어 각 교인이 실질적인 방법을 배울 수 있는 기회가 주어질 것이다.
- 기독교인들이 직업을 통해 주어진 소명을 이룰 수 있도록 돕고 지원하는 교회들이 나타날 것이다.
- '일터 변화시키기 운동'을 주제로 한 각종 행사와 'PK' 프라미스 키퍼스와 비슷한 운동이 일어날 것이다.
- '일터 변화시키기 운동'이 전하고자 하는 메시지가 사람들의 신앙 운동의 초점으로 자리잡게 될 것이다.
- 기업체에서 '일터 변화시키기 운동'의 취지를 좀더 적극적으로 수용하게 될 것이다.
- 일터에서 기도의 능력이 더욱 가시화될 것이다.

---

9. C. Peter Wagner, quoted in Os Hillman, *The Faith@Work Movement: What Every Pastor and Church Leader Should Know* (Atlanta, GA: Aslan Group Publishing, 2004), n.p.

- 공무원들이 그들의 일터에서 더욱 열성적으로 신앙을 실천함으로써 도시들이 변화하기 시작할 것이다.
- 정부 각 부처와 오락 산업체와 교육기관과 기업체에서 신앙 운동이 활발하게 이루어질 것이다.
- 주요한 기독교 사역단체들이 이와 같은 성령의 역사를 인지하고 적극 참여함으로써 더욱더 많은 사람들이 그리스도를 영접하게 될 것이다.
- 종교 지도자들이 금기시했던 영역에 기독교인들이 깊이 침투함으로써 일터에서 많은 기적이 일어날 것이다.
- 목회자들은 대개 변화를 더디 수용하는 경향이 있지만 궁극적으로는 그들도 역시 이 운동의 영향을 받아 일터 사역 운동을 새로운 사역의 물꼬를 틀 수 있는 기회로 생각하게 될 것이다.

한마디로 영적 부흥이 일어날 것이다. 새로운 영적 부흥은 직업을 개인들의 삶과 도시와 국가를 변화시키라는 거룩한 하나님의 소명으로 인식했던 초대 교회의 근본 신앙이 회복되는 계기가 될 것이다.

우리는 역사적인 현장에 살고 있다. 하나님은 기업체와 사역단체와 학교와 대중매체와 교회에서 우리의 단합된 힘을 모아 '9/5 창'이라는 새로운 신앙 운동을 새롭게 시작하셨다. 이는 하나님의 섭리가 분명하다. 이 운동에 동참할 수 있는 기회를 놓치지 말기 바란다.

성 · 경 · 공 · 부 · 가 · 이 · 드

1. 지금까지 교회는 이른바 '10/40 창' 지역에 살고 있는 불신자들을 복음화하는 일에만 전념해 왔다. '9/5 창'에 살고 있는 사람들 가운데서 영적 부흥의 역사가 일어난다면 어떤 결과가 나타날까?

2. 『TGIF』의 한 구독자는 "이 묵상 자료를 읽기 전까지는 일을 사역으로 생각해 본 적이 없습니다. ……지금 나는 목회자의 사역에 못지않은 사역을 행하고 있다고 생각합니다. 차이가 있다면 선교 현장이 다르다는 점뿐이지요."라고 했다. 이 말로 미루어 볼 때 우리는 직업의 동등함을 어떻게 이해할 수 있을까? 전문 사역자와 평신도는 각자 자신의 직업을 어떤 관점에서 바라봐야 할까?

3. 6장에 제시된 사례를 토대로 미국의 기업들 가운데서 하나님의 역사가 일어나는 이유를 생각해 보라.

4. 조지 바너는 "일터 사역은 앞으로 이루어질 새로운 차원의 교회 사역으로 자리 잡게 될 것이다."라고 말했다. 그와 같은 전망으로 볼 때, 앞으로 교회에서 어떤 식의 평신도 교육이 이루어져야 하겠는가? 교회가 일터 사역이라는 새로운 선교사역에 눈을 돌린다면 어떤 결과를 예상할 수 있겠는가?

5. 댈러스 윌러드는 "성스러운 것과 속된 것의 구분은 존재하지 않는다. 그런 구분은 모두 인위적이다."라고 말했다. 이 말이 무슨 의미인지 설명하라.

6. 와그너 박사는 "나는 일터 사역 운동이 종교개혁에 버금가는 영향력을 행사할 수 있는 잠재력이 있다고 확신한다."고 말했다. 이는 교회역사가의 입에서 나온 주목할 만한 증언이다. 동의 여부를 밝히고, 각각 그 이유를 설명하라.

PART 2
하나님의 능력을 일터 속으로

BRINGING GOD'S POWER INTO YOUR WORKPLACE

Chapter 8
일터에서 하나님의 **음성 듣기**

"나는 선한 목자라 내가 내 양을 알고 양도 나를 아는 것이……내 양은 내 음성을 들으며 나는 저희를 알며 저희는 나를 따르느니라"(요 10:14, 27).

톰 폭스는 성공적인 투자정보회사의 매니저로서 일터 사역 운동을 이끌고 있다. 그는 과거에만 해도 기독교인들이 "주님께서 이렇게 말씀하셨어요."라고 말할 때마다 몹시 곤혹스러워 했다. 하나님이 자기에게 그런 식으로 말씀하시는 것을 한번도 들어본 적이 없었기 때문이다. 그는 그 사람들과 자신의 차이점이 무엇인지 고민했다. 물론 요한복음에서 양은 목자의 음성을 듣는다는 예수님의 말씀을 읽었다. 하지만 어떻게 양이 목자의 음성을 들을 수 있는지 이해하지 못했다. 그는 그 문제에 대한 해답을 찾기 위해 마침내 하나님의 음성을 듣는 법을 연구하기 시작했다.

이제 톰은 하나님이 말씀하시고, 그분의 자녀인 우리는 그 음성을 들을 수 있다고 확신한다. 그는 직장생활을 비롯해 자신의 일상생활을 인도하시는 하나님의 음성을 듣는다. 그리고 이제는 다른 사람들에게 하나님의 음성을 듣는 법을 가르칠 수 있는 정도가 되었다.

나는 일전에 친구에게 이스라엘에서 겪었던 경험담을 들은 적이 있다. 나는 그 이야기를 통해 양들이 목자의 음성을 어떻게 인식하는지를 알게 되었다.

친구 부부가 유명한 성지를 방문했을 때였다. 그들은 양떼를 몰고 오는 목자들을 보게 되었다. 세 명의 목자가 저녁 무렵 자신들의 양떼를 모두 한 우리에 몰아넣었다. 친구 부부는 아무 표시도 되어 있지 않은 양들 사이에서 어떻게 목자들이 각자의 양을 구별할 수 있을지 궁금했다.

친구는 목자들이 각자의 양떼를 불러 모으는 광경을 지켜볼 양으로 다음날 아침 일찍 자리에서 일어났다. 첫 번째 목자가 우리에 와서 자기 양들을 불렀다. 그러자 그의 양들만 우리를 빠져나와 그를 따라갔다. 다른 두 명의 목자도 마찬가지였다. 친구는 양들이 자기 목자의 음성을 듣고 따라나서는 모습을 보고 놀라지 않을 수 없었다. 하지만 이유는 간단했다. 그것은 양들이 자기 목자의 음성을 알고 있기 때문이다. 이는 오래 전에 예수님이 남기신 말씀을 뒷받침해 주는 증거다.

하나님과의 친밀한 관계

예수님이 선한 목자이시고 우리가 그분의 양떼라면 우리는 과연 어떻게 그분의 음성을 들을 수 있을까? 바로 하나님과 친밀한 관계를 맺으면 된다. 그래야만 우리의 마음이 하나님과 친숙해져 그분의 음성을 들을 수 있기 때문이다.

켄 가이어는 예수님과 제자들이 맺었던 친밀한 관계를 다음과 같이 설명했다.

예수님은 제자들에게 사역을 맡기시기 전에 먼저 그들과 친밀한 관계를 맺고자 하셨다. 친밀한 사귐이 먼저고, 사역은 그 다음이었다. 제자들은 예수님의 사자使者로 활동하기 전에 그분과 함께 거하며 관계를 맺었다. 예수님이 열두 제자를 선택하신 이유는 "자기와 함께 있게 하시고 또 보내사 전도도 하며 귀신을 내어 쫓는 권세도 있게 하려"막 3:14-15 하심이었다. 예수님은 제자들을 내보내시기 전에 친밀한 관계를 맺으셨다. 제자들은 예수님을 따라다니면서 그분이 전하시는 말씀을 들었으며, 병자들을 치유하고 귀신을 내어 쫓으시는 모습을 목격했다눅 6:12-19. 예수님은 이따금 제자들만 따로 데리고 아무 방해도 없는 곳에서 그들과 함께 있고자 하셨다눅 9:10. 심지어 예수님은 세상을 떠나실 때도 항상 제자들과 함께 계시겠다고 약속하셨다마 28:20. 나중에 누가는 "예수님과 함께 있었던 것"이 제자의 신분을 입증하는 자격증과 같은 것이라고 말했다행 4:13.[1]

성령의 인도를 받아 열매가 풍성한 삶을 살려면 반드시 하나님과 친밀한 관계를 맺어야 한다. 예수님은 우리를 정말 사랑하시기 때문에 날마다 우리 각 사람과 깊은 교제를 나누고자 하신다. 예수님은 우리가 그분의 사랑을 깨닫고 그분을 깊이 사랑할 수 있도록 도와주신다.

---

1. Ken Gire, *The Divine Embrace* (Wheaton, IL: Tyndale House Publishers, 2004), p. 24.

내 아내는 하나님을 사랑한다는 것이 무엇을 의미하는지 경험을 통해 익히 알고 있다. 아내가 29살의 미혼여성이었을 때의 일이다. 당시 아내는 광고대행 회사에서 섭외부장으로 일하고 있었는데, 개인적으로 어려움이 많았다. 어느 날 기독교 신자였던 사장이 회개하고 복음을 믿으라고 권유했다. 아내는 사장이 인도하는 회개의 기도를 따라했다. 마침내 "아멘" 하고 기도가 끝나자, 아내는 '휴우, 이제 천국에 갈 수 있고, 남은 인생도 잘살 수 있겠지.'라고 생각했다.

처음에 아내는 교회에 출석하지 않았다. 하지만 결국에는 교회에 발을 디디게 되었다. 아내는 교회에서 기독교가 천국행 티켓 이상의 의미를 지니고 있다는 사실을 알게 되었다. 아내는 "구하는 이마다 얻을 것이요"마 7:8라는 말씀을 읽고, 자신의 부족함을 채워줄 수 있는 배우자를 허락해 주십사고 기도했다. "너희는 잠잠히 내가 하나님 됨을 알지어다"라는 말씀이 아내의 마음에 깊이 와 닿았다. 아내는 하나님을 더욱 알고 싶은 마음에서 아침마다 성경을 읽었다.

그렇게 2년이 지나자 하나님은 아내의 삶을 획기적으로 변화시켜 주셨다. 당사자인 아내조차 그것이 자신의 모습인지 알 수 없을 정도였다. 하지만 아내에게는 아직 배우자가 없었다. 아내는 다시금 배우자를 허락해 주십사고 기도했다.

그로부터 며칠 뒤, 아내는 한 친구에게 짧은 편지를 건네받았다. 편지 밑에는 "시편 27:14"이라는 글귀가 적혀 있었다. 아내는 그것을 배우자를 구했던 기도에 대한 하나님의 응답으로 생각하고 얼른 성경책을 찾아보았다. 성경에는 "너는 여호와를 바랄지어다 강하고 담대하며 여호와를 바랄지어다"라는 내용이 적혀 있었다. 아내는 기대했던 것과 다른 말씀이라서 크게 실망하지 않을 수 없었다.

나중에 아내는 함께 일하는 직장 동료에게 자신의 실망스런 마음을 털어놓았다. 아내의 심정을 전해들은 상대방은 뜻밖의 놀라운 대답을 했다.

"우리 부부가 만나기 전 상황과 참 비슷하군요. 아내는 누군가를 사랑하기 전에 먼저 주님을 사랑해야 한다는 사실을 잘 알고 있었지요."

그 후 며칠 동안 아내는 직장 동료의 말을 곰곰이 되씹어 보았다. 그 결과 그 동안 하나님을 일종의 '공급자'로만 여겨 왔던 사실을 깨닫게 되었다. 다시 말해, 하나님과의 관계에는 그 이상의 의미가 있다는 사실을 어렴풋이 알게 되었던 것이다. 아내는 하나님을 사랑할 수 있는 방법을 가르쳐 주십사고 기도하기 시작했다. 하지만 마음 한 구석에는 '하나님이 과연 이런 격의 없는 기도를 들어 주실까?' 하는 의문이 들었다.

며칠 뒤 한 친구가 거의 막판에 전화를 걸어 아내에게 수련회 참석을 권유했다. 일련의 사건들이 모두 하나님의 섭리인 것이 분명해 보였다. 아무튼 아내는 결혼을 주제로 한 3일간의 여성 수련회에 참석하게 되었다. 수련회 주제 성구는 호세아 2:16, 19-20이었다.

여호와께서 이르시되 그날에 네가 나를 내 남편이라 일컫고 다시는 내 바알이라 일컫지 아니하리라……내가 네게 장가들어 영원히 살되 의와 공변됨과 은총과 긍휼히 여김으로 네게 장가들며 진실함으로 네게 장가들리니 네가 여호와를 알리라.

아내는 그 주말에 "주님께 구혼 신청을 받았다." 수련회가 끝나던 날 아내는 강단 앞에 나가서 앞으로는 절대 주님께 배우자를 구하지 않겠다고 약속했다. 아내는 주님이 자신의 남편이시라고 고백했다.

그로부터 몇 달 동안 아내는 하나님과 깊은 사랑을 나누며 지냈다. "하나님과 함께하는 생활이 그 어떤 남성과의 관계보다 훨씬 더 달콤했어요."

아내의 증언이다. 주님은 아내에게 친밀한 애정과 사랑을 보여주셨다. 아내는 깊은 만족감을 느꼈다. 하나님은 아내에게 "너는 잠잠히 내가 하나님 됨을 알지어다"라고 말씀하셨다. 그렇게 7년간의 충만한 시절이 지난 후에, 하나님은 남편을 구했던 그녀의 기도에 응답하셨다. 응답의 실체는 바로 나였다. 그 즈음 아내는 하나님을 남편으로 삼고 지내는 삶이 너무나 행복해서 오히려 육체를 지닌 존재를 남편으로 삼는 것이 몹시 걱정스러운 눈치였다. 아내는 하나님과의 친밀한 관계를 잃고 싶지 않았다.

"예수님은 내 인생의 가장 큰 로맨스로 항상 남을 거예요. 예수님은 형체는 보이시지 않지만 나를 가까이 부르시고 내 인생을 온전히 변화시켜 주셨어요. 한마디로 '예수를 너희가 보지 못하였으나 사랑하는도다 이제도 보지 못하나 믿고 말할 수 없는 영광스러운 즐거움으로 기뻐하니' 벧전 1:8라는 말씀이 이루어진 셈이죠."

하나님의 말씀에 복종하는 삶

하나님과 친밀한 관계를 맺으려면 일터에서도 날마다 그분과 동행해야 한다. 이제 일터에서 하나님과 친밀한 관계를 맺는 생활을 실행에 옮긴 한 회사의 이야기를 잠시 소개하려 한다.

잉글랜드 길퍼드에서 '마켓츠 언록트' Markets Unlocked라는 국제 회사를 운영하는 줄리언 워츠와 워렌 싱클레어는 하나님의 임재를 의식하며 그분과 친밀한 관계를 맺는 것이 얼마나 중요한지를 알게 되었다. 그들은 사업을 통해 하나님의 뜻을 이루기를 원한다. 그들은 회사 일을 통해 상상을 초월하는 하나님의 깊은 사랑과, 신실한 인도와, 은혜가 충만한 준비와 계획을 체험하곤 한다.

줄리언은 전에 다국적 기업의 경영진을 상대로 한 글로벌 컨설팅 회사의 전략 컨설팅 분야에서 일했다. 그는 헌금도 열심히 했고, 2주일에 한번씩은 주님과 홀로 조용한 시간을 갖곤 했다(그는 다이어리에 그 시간을 항상 표기해 두었다). 직장에서는 일선을 지휘하며 적극적으로 활동했던 그였지만, 교회에서는 조용히 뒷자리에 앉아서 예배를 드렸다.

1999년 줄리언은 회사를 그만두고 모험을 시도해 보라는 주님의 뜻을 감지했다. 15년을 한결같이 전략 컨설팅 분야에서 최고가 되기 위해 노력했던 줄리언에게 주님은 "네게 중요한 것이 무엇이냐? 나냐, 아니면 네 출세냐?"라고 물으셨다. 줄리언은 아내와 그 문제를 상의했다. 그의 아내는 "주님의 뜻을 따라야죠."라고 간단히 대답했다. 줄리언은 곧 사표를 제출했다.

줄리언은 이제 실직자가 되었다. 다음에 무엇을 해야 할지 아무 생각도 나지 않았다. 그는 몇 달 동안 주님이 무엇을 하기를 원하시는지 알고자 노력했다. 마침내 그는 물건을 서로 사고팔기를 원하는 회사들을 연결해 주는 인터넷 회사를 설립했다. 새 회사를 설립하는 동안 그는 사업의 근본 원칙에 충실하면서 하나님의 도움을 간구했다.

아울러 줄리언은 회사의 수입 중 10%를 하나님 나라의 건설을 위한 기금으로 바칠 목적으로 자선기금을 조성하기로 결정했다. 그는 임직원들에게는 봉급을 주었지만, 자신은 회사의 수익이 자선기금을 조성할 정도가 될 때까지 급여를 받지 않기로 결심했다. 하나님은 줄리언 부부에게 믿음으로 사는 삶, 즉 전적으로 그분만을 의지하는 삶을 가르치고자 하셨다. 그들 부부는 그와 같은 경험을 통해 한 차원 높은 믿음을 경험하게 되었으며, 주님과 더욱 깊은 관계를 맺을 수 있었다.

사업은 거세게 밀려드는 인터넷의 물결을 타고 급속하게 번창했다. 하지만 2000년에 닷컴 사업의 붕괴가 일어나면서 거의 파산 직전의 치명적인 피해를 입게 되었다. 상황이 더욱 악화되면서 비기독교인 임직원들이 회사를 떠났고, 기독교인 임직원들만 남아 함께 기도하기 시작했다. 처음에는 한 달에 한번 기도 모임을 가졌지만, 상황이 더욱 열악해지자 일주일에 한번씩, 그러다가 파산 직전이 되자 매일 기도 모임을 갖게 되었다.

처음에 직원들의 기도는 회사를 구하는 데 필요한 것들을 구하는 데 초점을 두었다. 하지만 주님과 함께하는 시간이 점차 많아지면서 많은 변화가 일어나기 시작했다. 점차 긴급히 필요한 것들을 구하는 모임에서 단순히 하나님을 경배하는 모임으로 발전했다. 한마디로 하나님께 무엇을 구하기보다 그분과의 친밀한 관계를 맺는 데 초점이 모아지게 된 것이었다.

직원들의 숫자가 상당히 줄어들었기 때문에 그들은 아예 사무실 하나를 비워 회사의 기도실로 삼았다. 직원들과 부서의 연락을 담당했던 리즈 존스는 연락해야 할 일이 많지 않았기 때문에 점점 더 많은 시간을 기도실에서 보낼 수 있었다. 그녀는 주님을 경배하며 회사를 위해 기도했다. 다른 직원들도 더욱더 열심히 주님을 경배했다.

그러자 하나님의 역사가 일어나기 시작했다. 2000년에서 2001년으로 접어드는 동안 주님은 매번 아슬아슬한 순간에 필요한 것을 공급해주시곤 하셨다.

임직원들의 일과가 바뀌기 시작했다. 대표적으로 줄리언의 일과부터 획기적으로 변했다. 그는 새벽 5시에서 7시까지 날마다 개인적으로 경건의 시간을 가졌다. 오전 8시에서 9시까지는 회사의 임직원 모두가 한자리에 모여 기도하고 예배하는 시간을 가졌다. 리즈는 오전 9시부터 오후 2시까지 매일 하나님께 예배를 드리며 회사를 위해 기도했다. 매주 화요일 오전 10시부터 12시까지는 회사의 임직원 모두가 지역의 목회자들과 기도 후원자들과 함께 모여 하나님을 예배하며 기도했다.

기도하는 동안 하나님은 먼저 리즈에게 그녀가 그리스도의 신부라는 사실을 깨닫게 해주셨다. 하나님은 나머지 임직원들에게도 친밀한 사랑의 메시지를 전달하셨다. 그들은 모두 하나님이 자신을 그리스도의 신부로 여기신다는 믿음을 갖게 되었다. 아울러 그들은 그리스도께서 그들을 지극히 사랑하시며, 친밀한 사귐을 갖기 위해 십자가에서 죽으셨다는 사실을 알게 되었다.

2001년 말, 회사는 닷컴 사업의 붕괴라는 험난한 가시밭길을 무사히 통과할 수 있었다. 그런 과정을 거치면서 사업 전략, 조직 구성, 직원, 업무처리 과정, 사무실의 위치 등을 포함한 회사의 모든 측면이 완전히 변했다. 하나님의 임재를 체험하는 것이 회사의 핵심이자 원동력이었다. 주중에 일하는 동안 임직원들은 개인기도 시간을 갖든 집단기도 시간을 갖든 단순히 하나님을 예배할 뿐이었다. 예배를 드린 후에는 누군가 주님의 말씀을 들은 사람이 없는지 확인하는 절차가 뒤따른다. 누군가가 대답을 하면, 그들은 다시 그 문제를 놓고 하나님의 뜻을 구한다.

오늘날 회사의 임직원들은 주님이 회사의 정체성을 확립하시는 한편 그분과의 친밀한 관계를 회사의 가장 두드러진 특징으로 부각시키고 계시는 모습을 지켜보며 즐거워하고 있다. '마켓츠 언록트'는 현재 전세계 80여 개국의 고객을 상대하는 기업으로 빠르게 성장하고 있다.

하나님이 말씀하시는 방법

앞에서 말했듯이 하나님은 여러 가지 방법으로 말씀하신다. 가장 우선적인 방법은 성경이다. 그밖에도 음성, "세미한 소리"나 생각, 상황, 예언의 말씀, 환상, 꿈과 같은 수단이 사용된다.

성경

성경에는 삶을 인도하는 진리가 가득하다. 성경은 하나님의 음성을 듣는 다른 모든 수단을 판단하는 절대적인 기준이다. 다른 수단을 통해 하나님의 음성을 듣게 되더라도 성경을 읽고 이해해야만 실수를 면할 수 있다. 성경은 종종 하나님의 '살아 계신' 말씀이라고 불린다. 우리는 성경을 읽음으로써 기록된 말씀을 통해 친히 말씀하시는 하나님의 음성을 들을 수 있다.

경제적으로 어려움을 겪고 있을 때 하나님은 성경을 통해 내게 말씀하셨다. 당시 나는 사람들이 직장생활을 소명으로 이해하도록 돕는 것이 내 사명이라는 것을 깨달았지만, 어떻게 그 일을 할 수 있고, 또 그 일을 해나갈 경비를 마련해야 할지 감이 잡히지 않았다. 고민이 극도에 달해 기도조차 할 수 없는 지경이 되고 말았다. 혼자 힘으로는 감당하기 어렵다고 판단하고 앤지에게 함께 기도해 달라고 부탁했다(당시 우리는 아직 결혼 전이었다). 앤지는 주님께 지혜를 구했다.

기도를 시작한 지 2분이 채 못 되어 그녀의 입에서 "데살로니가전서 5장 24절!"이라는 말이 튀어나왔다.

"그 구절이 무슨 말씀이죠?"

"모르겠어요. 그냥 마음에 갑자기 떠올랐어요."

나는 성경책을 집어 들고 "너희를 부르시는 이는 미쁘시니 그가 또한 이루시리라"는 말씀을 찾아 읽었다. 우리는 함께 웃었다. '하나님이 우리를 이토록 친밀하게 대하시다니! 하나님이 이렇게 큰 관심을 가지고 계시다니!' 하는 생각이 들었기 때문이다.

그날 밤 하나님은 상황을 차분히 바라볼 수 있는 마음을 주셨다. 어려운 시절을 겪는 동안 하나님은 한번도 나를 실망시키지 않으셨다. 이제 우리는 일터에서 일하는 이들을 상대로 사역을 행하고 있다. 모두가 하나님이 이루신 일이다.

음성

성경에서는 하나님이 음성으로 말씀하신 사례를 많이 찾아볼 수 있다. 하나님은 모세를 향해 직접 말씀하셨고, 아담과 하와의 경우에도 에덴동산에서 하나님과 사귐을 갖고 직접 대화를 나누었다.

내 어머니도 개인적으로 하나님의 음성을 들었던 경험이 있다. 어머니는 아버지가 돌아가신 후에 깊은 실의에 빠져 여러 달 동안 고통스러워하며 하나님께 부르짖었다. 보험금을 지급하겠다고 나서는 보험회사가 한 군데도 없다는 사실을 알게 된 어머니는 거의 넋이 나갈 정도였다. 하지만 어느 날 밤 어머니가 슬픔에 잠겨 울고 있는데 "릴리언아, 나를 믿어라!" 하는 음성이 들려왔다. 어머니는 그날 밤 그 음성을 단 한번 들었고, 그 뒤로는 더 이상 음성이 들리지 않았다. 하지만 그때의 경험은 40년이 넘게 어머니를 지탱해 주었다.

"세미한 소리"나 생각

마음에 떠오른 생각이 때로 하나님의 음성일 수 있다고 생각하는 사람들이 많다. 조금 전에 언급한 앤지의 경우에도 데살로니가전서 5:24이 갑자기 마음에 떠올랐다.

치열교정의사이자 일터 사역 운동을 이끌고 있는 빅터 이건이라는 친구는 이렇게 말한다.

"나는 하나님의 음성을 특별히 구하지 않을 때 종종 그분이 개인적으로 말씀하시는 것을 느끼곤 하지. 실제로 경건의 시간을 가질 때는 그분의 음성을 그렇게 많이 듣지 못한다네. 대개 차를 몰 때나 샤워를 할 때 그런 일이 일어날 때가 많네."

내 친구 브렌다도 비행기에 타고 있을 때 그런 일을 경험했다고 한다. 갑자기 그녀의 마음에 "비행기 안에 네가 만나봐야 할 여성이 타고 있다. 그녀를 위해 기도해 주기를 원한다." 하는 말씀이 느껴졌다. 그녀는 순간 어리둥절했지만 곧 자리에서 일어나 주님이 그 여성에게 인도해 주시기를 바라는 마음으로 비행기 통로를 천천히 걸어갔다. 그녀의 기대대로 주님의 인도하심이 있었다. 브렌다는 그 여성에게 "실례합니다. 이상하게 들릴는지 모르겠지만 부인을 위해 기도해 드려도 되겠습니까?"라고 말하고 나서, 미처 상대방의 대답을 듣기도 전에 곧 기도를 시작했다. 브렌다의 기도는 그 여성이 남편과의 관계에서 위로를 받게 해달라는 내용에 초점이 모아졌다.

브렌다가 기도를 마치자 그 여성은 남편이 막 세상을 떠났다는 말을 들려주었다. 그리고 이렇게 말했다.

"대개 가족들이 저를 위해 기도하곤 했죠. 헌데 이번에는 비행기 시간에 쫓겨 저를 위해 기도해 줄 틈이 없었어요. 시어머니는 저를 보내면서 누군가가 비행기에서 저를 위해 기도해 줄 것이라고 하더군요."

그 여성은 무척 감격스러워했다. 그녀는 마치 하나님이 하늘에서 직접 내려오셔서 자신을 사랑으로 돌보시는 듯한 느낌을 받았다.

존 라이트라는 영국인 친구에게도 비슷한 이야기를 들었다.

어느 날 그는 이슬람교를 믿는 한 남자와 대화를 나누게 되었다. 존은 복음을 전하고 싶었지만 모슬렘 신앙에 관해 아는 바가 거의 없었다. 두 사람은 서로의 믿음을 각자에게 설명하기로 합의하고 대화에 임했다. 먼저 이슬람교를 믿는 남자가 대화를 주도해 나갔다.

존은 그의 말을 들으면서 성령께 복음을 전할 방법을 구했다. 그 순간 한 가지 생각이 떠올랐다.

"선생님은 자신이 믿는 신을 아버지로 생각하십니까?"

"절대로 그렇게 생각하지 않죠."

"그것이 바로 선생님이 믿는 신과 제가 믿는 신의 큰 차이죠. 저는 하나님을 저와 인격적인 대화를 나누시는 아버지로 생각합니다."

"그것을 증명할 방법이 있나요?"

존은 다시 속으로 '주님, 이 사람에게 어떻게 그 사실을 입증해 보일 수 있을까요?' 라고 기도했다.

잠시 후 젊은 여성 두 명이 그들을 향해 걸어왔다. 존은 공손한 태도로 그들에게 말을 걸었다.

"제가 알기로는 간호사님 같은데 맞지요?"

상대 여성은 깜짝 놀라며 물었다.

"어떻게 아셨어요? 전에 한번도 만나 본 적이 없는 분 같은데."

"아버지 하나님께 여쭈었더니 가르쳐 주시더군요."

성령님이 존의 마음에 '간호사'라는 말을 생각나게 해주셨던 것이다. 모슬렘 신자는 확실한 증거를 보게 되었다.

상황

하나님은 종종 상황을 통해 말씀하신다. 상황을 통해 말씀하시는 하나님의 음성을 들으려면, 일상생활 속에서 하나님의 감동에 특별한 주의를 기울여야 한다. 그렇지 않으면 놓치기 쉽다.

아내는 결혼 전에 상황을 통해 말씀하시는 하나님의 음성을 들었던 경험이 있다. 비영리 사역단체에서 일할 목적으로 이사를 했던 그녀는 당시 살 집을 찾는 것이 급선무였다. 비영리단체에서 일을 하다 보니 수입이 형편없이 줄어들었고, 소득에 걸맞는 집을 찾는 것이 불가능했다. 아내의 말을 직접 들어보자.

나는 하나님께서 처소를 마련해 주실 것으로 확신했어요. 어느 날 하나님께 기도하면서 "주님께서 제가 거할 처소가 어디에 있는지 보여주셨으면 좋겠습니다."라고 말씀드렸어요. 머릿속으로 밤하늘에 환히 빛나는 네온사인처럼 "여기가 네 집이다."라는 화살표가 내가 살 곳을 가리키고 있다고 상상했죠. 물론 그것이 터무니없는 생각이라는 것을 잘 알았죠. 하지만 하나님이 그런 징표를 보여주시기를 원했어요.

사역단체가 임시거처로 마련해 준 콘도를 떠날 날이 며칠밖에 남지 않은 상태에서 내 소득으로 감당할 수 있는 집이 하나 있다는 말을 듣고 잠시 둘러볼 생각으로 나섰죠. 헌데 벽에 큰 구멍이 여러 개 나 있을 뿐 아니라, 곧 무너질 것 같은 집이었어요. 집주인은 고쳐줄 의향이 전혀 없었죠. 하지만 다른 집을 구할 형편이 못되었어요. 나는 그 집을 마지막으로 다시 한번 살펴보았어요. 기도를 하는데 마음에 아무런 평화가 없었어요. 밖으로 나오면서 속으로 '하나님, 뭔가 다른 대안을 갖고 계시죠?' 라고 말했지요.

차를 몰고 돌아오는데 오렌지색으로 "세놓음"이라고 쓰인 게시판이 창문에 부착되어 있는 모습이 눈에 띄었어요. 나는 브레이크를 힘차게 밟아 차를 세운 뒤 후진을 해서 도로 한쪽에 주차했어요. 마침 집주인이 있어서 집을 볼 수가 있었지요. 내가 본 집 중에 가장 예쁘고 아담한 해변의 저택이었어요. 마음에 딱 들었죠. 하지만 집세를 감당할 길이 없었어요. 집주인은 명함을 주면서 생각이 있으면 다시 연락하라고 했어요.

그 다음에 차를 멈춘 곳은 작은 선물 가게였어요. 점원이 더 필요한 것은 없느냐고 묻더군요. 나는 "사실은요, 살 집이 필요해요."라고 말했어요. 그 순간 믿기 어려운 말이 내 귀에 들렸어요. 그녀는 "그렇다면 정말 잘 찾아오셨네요. 이곳은 기적이 일어나는 장소랍니다."라고 말하더군요. 가게 주인은 최선을 다해 돕겠다고 약속하면서 새로 이사 온 친구가 살

집을 찾고 있다는 이야기를 했어요. 바로 그때였죠. 그녀의 친구가 가게 안으로 들어왔어요. 가게 주인은 그녀를 소개해 주었죠. 그리고 나와 그 친구는 점심식사를 함께 했어요.

이야기가 좀 길었는데 결론을 말하면, 나는 가게에서 만난 그 여성과 작은 저택에서 함께 살게 되었답니다. 우리는 10년이 지난 지금도 여전히 친구로 지내고 있어요. 하나님은 내가 찾았던 '네온사인'을 허락하셨을 뿐 아니라, 멋진 룸메이트까지 허락해 주셨어요. 그분은 일련의 상황을 통해 나에 대한 사랑을 보여주셨어요. 그 일이 계기가 되어 나는 일상에서 늘 하나님의 역사를 감지하는 법을 배우게 되었답니다.

예언의 말씀

나는 지식의 말씀이나 예언을 전혀 강조하지 않았던 교회에서 신앙생활을 했다. 하지만 하나님은 그 은사들을 받은 사람들을 만나게 해 주셨다. 나는 그들을 동료 신자들에게 믿음과 소명을 일깨워 주는 하나님의 귀한 도구로 생각한다.

'예언'을 뜻하는 "prophecy"는 '하나님의 뜻과 생각을 말하는 것'을 의미하는 헬라어 프로페테이아에서 유래했다. 『바인스 사전』을 보면 좀더 자세한 설명을 발견할 수 있다.

구약성경의 예언은 대부분 미래의 일을 예언하는 내용을 담고 있지만, 예언은 반드시 미래의 일을 말하지도 않고 또 그것을 우선적인 목적으로 삼지도 않는다. 오히려 예언은 자연적인 수단으로는 알 수 없는 일을 선언하는 역할, 즉 과거나 현재, 또는 미래에 관한 하나님의 뜻을 드러내는 역할을 한다. 성경은 영적 은사를 열심히 구하되 특히 예언의 은사를 사모하라고 말씀한다고전 14:1. 또한 예언을 멸시하지 말고 범사에 헤아려 좋은 것을 취하라고 명령한다살전 5:20-21.[2)]

예언은 하나님이 다른 사람들을 통해 우리에게 말씀하시는 의사전달 수단이다. 그러한 하나님의 의사전달 방식을 굳이 예언이라는 말로 표현할 필요는 없다. 다른 사람과 단순한 대화를 나눌 때 왠지 모르게 마음에 감응이 일어나기도 하고, 누군가에게 들은 말이 갑자기 생생하게 떠오르기도 한다. 그런 상황에 민감히 반응해야 한다. 하나님은 그런 방법을 통해 중요한 정보를 알려주신다. 두어 가지 개인적인 경험담을 소개해 보겠다.

아내는 나를 처음 만난 자리에서 선교 현장에 부르심을 받았다고 말했다. 그 말을 듣는 순간 내 마음에는 '선교 현장에 부르심을 받은 것은 맞지만, 본인이 생각하는 것과는 다른 사역을 하게 될 거야.' 라는 생각이 떠올랐다. 하지만 내 생각을 발설하지 않았다. 아내는 그 다음 한 주간을 함께 보내면서 자기를 위해 기도해 줄 수 없느냐고 물었다. 아내는 모든 소유를 팔아치우고 선교 현장으로 달려가려고 했지만, 막상 어디로 가야 할지 확신이 서질 않았다.

바로 그때 나는 "선교 현장에 부르심을 받은 것은 맞지만, 본인이 생각하는 것과는 다른 사역을 하게 될 겁니다."라고 말했다. 아내는 내 말에 화를 냈다. 내가 데이트를 하려는 욕심에 자기의 소명을 방해하려 든다고 생각했기 때문이다. 하지만 며칠 후 아내는 전화를 걸어 하

---

2. *Vines Expository Dictionary of Old Testament Words*, P.C. Study Bible software (Nashville, TN: Thomas Nelson, 1985), s.v. "propheteia."

나님의 인도하심이라고 느낄 때마다 자신이 확신했던 것과 일치한 적이 한번도 없었다고 했다.

그로부터 9개월 후 우리는 결혼했다. 어느 날 밤 침대에 누워 있는데 아내에게 '너는 네가 일할 선교 현장이 해외에 있다고 생각하지만 사실은 매우 가까운 곳에 있다. 바로 네 옆에 말이다.' 라는 생각이 떠올랐다. 아내는 나와 결혼한 이후로 사역에 함께 동참해 왔다. 아내는 본인이 선교 현장에 부르심을 받은 것은 확실하지만, 본인이 생각하는 것과는 다른 사역이라는 사실을 지금은 분명히 알고 있다.

내 경우에도 아내와 비슷한 시기에 예언의 말씀을 통해 강렬한 인상을 받은 적이 있었다. 어느 날 다른 주에 살고 있는 친구가 메일을 보내 왔다.

하나님은 자네의 고난이 끝났으니 더 이상 과거의 고통이 반복될까봐 두려워할 필요가 없다고 말씀하시네. 원수 마귀는 하나님 아버지께 사랑받지 못하는 아들이라고 말하지만 사실은 그렇지 않다네. 눈을 들어 자네를 향해 자상하게 미소를 머금고 계시는 하나님 아버지를 바라보게나. 지금부터 자네는 단지 하나님을 위해서가 아니라, 그분과 더불어 일하게 될 것이네. 하나님이 자네에게 그분의 계획을 알려주시고 한걸음씩 인도하실 것이네. 자네는 그 동안 하나님의 음성을 기다리는 법을 배웠네. 자네의 인생에 늦은 비와 같은 축복이 있을 것이네. 그것으로 인해 자네는 새롭게 될 것이며, 황량했던 과거를 말끔히 씻어버릴 수 있을 것이네. 지금 비구름이 몰려들고 있네. 새로운 들판, 새로운 파종과 추수, 풍성한 결실, 새로운 동반자들이 자네 인생에 나타날 걸세.

어느 날 집회에 참석했을 때 브래들리 스튜어트라는 사람이 청중 가운데 누군가에게 하나님이 말씀하신다며 예언의 말씀을 전했다. 그의 예언은 친구의 메일과 비슷했다. 그가 예언의 말씀을 전하는 순간, 나를 위한 말씀이라는 확신이 들었다. 그 내용은 다음과 같았다.

지난 몇 년간 나는 네 인생과 사업이 처참하게 무너지도록 내버려 둠으로써 너를 준비시켰노라. 하지만 이제는 너를 회복하고 치유하기를 원하노라. 회복하는 동안 너는 내가 그 간의 일을 통해 네게 가르친 교훈을 곰곰이 되새겨야 한다. 씨앗에서 곧 싹이 틀 것이다. 너는 가만히 기다리며 내 안에서 안식하라. 내가 모든 것을 주관하겠다. 내가 부드러운 빗줄기를 뿌려 씨앗에서 싹이 트도록 역사하겠노라.

예언의 말씀 가운데 첫 번째 메시지는 내 인생에 새로 심겨진 씨앗이자 새로운 동반자가 될 앤지에 관한 확신을 갖게 했다(우리는 8개월 뒤에 결혼했다).

꿈과 환상

성경을 보면 하나님이 꿈과 환상으로 말씀하시는 사례를 많이 찾아볼 수 있다. 하나님은 꿈을 통해 우리의 삶에 필요한 일들을 알려주시고 구체적인 지침을 제공하신다.

사도행전 10장에는 고넬료라는 사람이 나온다. 그는 어느 날 자신의 인생을 뒤바꿀 환상을 보았다. 환상 중에 나타난 하나님의 천사는 "고넬료야!"라고 그의 이름을 불렀다. 천사는 그에게 욥바라는 마을에 사람들을 보내 베드로라 불리는 사람을 데려오라고 지시했다. 다음날 하나님은 베드로에게도 환상을 통해 사람들이 데리러 오거든 그들을 따라 고넬료의 집으로 가라고 지시하셨다. 두 사람 모두 환상을 통해 전달된 하나님의 명령에 복종했다. 그로써 고넬료의 가정이 복음화되어 이방인들에게 복음이 확산되는 계기가 마련되었다.

하나님은 지금도 꿈과 환상을 통해 말씀하신다. 어느 날 다섯 살 먹은 어린 조카가 우리 집에 와서 하룻밤을 묵은 일이 있었다. 아침에 잠에서 깨어난 조카는 아내에게 지난밤에 꾸었던 꿈 이야기를 들려주었다. 조카는 꿈에 불도저가 현관 앞으로 다가오더니 우리 집을 밀어버렸다고 말했다. 아내는 그 이야기를 듣고 흥분을 감추지 못했다. 당시 우리 집은 곧 무너질 듯이 허름했다. 아내는 3년 동안 난로에 물을 끓여 머리를 감아야 했다. 그냥 감기에는 수질이 너무 나빴기 때문이다. 당시 우리 집은 상가 부지로 팔려고 내놓은 상태였고, 우리는 속히 매매계약이 이루어지기를 고대했다. 우리는 조카의 꿈을 집이 곧 팔리게 되리라는 것을 암시하는 하나님의 뜻으로 받아들였다. 그로부터 6개월 뒤 매매계약이 이루어졌고, 우리는 빚에서 자유로워졌다. 몇 달 뒤에 불도저가 그 집을 말끔히 밀어 버렸다. 어린 조카는 자신의 꿈이 그런 식으로 이루어질 줄은 까맣게 몰랐을 것이다.

종교와 관계의 차이

하나님은 시편 저자를 통해 우리의 길을 인도하시고 그분의 뜻을 알려주시겠다고 말씀하셨다.

"내가 너의 갈 길을 가르쳐 보이고 너를 주목하여 훈계하리로다" 시 32:8.

요즘 교회는 하나님이 성경을 통해서만 말씀하신다고 생각하는 경향이 많다. (일전에 어떤 사람이 "어떤 교회는 삼위 일체 하나님을 마치 성부와 성자와 성경으로 생각하는 것 같다."고 말하는 것을 들은 적이 있다.) 하나님의 다른 의사소통 수단을 무시하고 성경에만 초점을 맞추기 때문에 그분의 뜻을 헤아리는 데 적지 않은 어려움이 뒤따르는 듯하다.

하나님의 음성을 듣는 방법을 알지 못하는 사람들이 많다. 일터에서 그분의 음성을 들을 수 없는 것도 바로 그 때문이다. 하나님의 음성을 들으려면 그분의 음성을 들을 수 있다고 믿고, 또 귀를 기울일 수 있는 시간을 할애해야 한다. 우리는 이성적인 논리만을 의지하지 말고, 우리의 삶에서 성령의 자유로운 역사가 일어날 수 있는 여지를 열어 두어야 한다.

하나님과 관계를 맺는 신앙과 형식적인 종교적 신앙은 큰 차이가 있다. 하나님의 음성을 듣는 것과 듣지 못하는 것의 차이는 바로 그 차이에서 비롯한다. 하나님은 우리와 친밀한 관계를 맺고 싶어하신다. 그래야만 우리에게 말씀하시는 그분의 음성을 들을 수 있기 때문이다. 하나님의 음성을 들을 수 있는 민감한 귀와, 그분의 말씀에 복종할 수 있는 용기를 허락해 주십사고 기도하라.

성 · 경 · 공 · 부 · 가 · 이 · 드

1. 요한복음 10:14, 27을 읽어보라. 본인도 직접 하나님의 음성을 들을 수 있다고 생각하는가?

2. 사도행전 4:13, 누가복음 9:10, 호세아서 2:16, 19-20을 읽어보라. 하나님의 음성을 구별하는 방법 가운데 하나는 예수님과 좀더 친밀한 관계를 맺는 것이다. 이들 성경 구절에서 배울 수 있는 요지는 무엇인가?

3. 요한계시록 21:2-9을 읽어보라. 줄리언 워츠와 그의 회사는 어떤 식으로 자신들이 그리스도의 신부라는 의식을 갖게 되었는가? 그들은 하나님과 함께하는 시간을 갖기 위해 어떤 노력을 기울였는가?

4. 베드로전서 1:8을 읽어보라. 이 말씀대로 살기 위해서는 어떻게 해야 할까?

5. 직장생활에서나 일상생활에서 예수님과 더욱 친밀한 관계를 형성하는 데 도움이 될 수 있는 구체적인 방법 3가지를 말해 보라.

6. 성경에서 발견되는 하나님의 의사전달 방식 6가지를 말해 보라. 그 동안 하나님의 음성을 어떤 식으로 들어보았는지 말해 보라.

Chapter 9
직장 내 중보기도

"그리스도 예수의 종인 너희에게서 온 에바브라가 너희에게 문안하니 저가 항상 너희를 위하여 애써 기도하여 너희로 하나님의 모든 뜻 가운데서 완전하고 확신 있게 서기를 구하나니"(골 4:12).

그 동안 우리는 '신성한 것과 속된 것'이라는 이원론적 사고방식에 너무 오랫동안 젖어 온 탓에 일터를 사역의 현장으로, 또 직장 내의 신자들을 '9/5 창'의 선교사들로 생각하는 데 어려움을 겪고 있다. 하지만 하나님은 무엇을 하든지 예수님의 이름으로 하고 그분을 힘입어 아버지께 감사하라고 분명히 말씀하신다골 3:17, 24.

하나님의 뜻을 받들 수 있는 한 가지 방법은 바로 중보기도다. 중보기도란 다른 사람들을 위한 간절한 기도엡 6:18; 골 4:12, 모든 신자에게 주어지는 제사장의 소명벧전 2:5; 출 19:6, 우리의 심령에서 이루어지는 성령의 기도롬 8:26-27와 같은 특성들을 지닌다. 일터에서 우리의 목적과 소명이 이루어지기를 바라는 중보기도는 모든 신자를 향한 하나님의 뜻과 일맥상통한다.

모든 회사에 중보기도자가 따로 있다면 얼마나 좋을까! 다행히도 일각에서 그런 징후가 보이고 있다. 달린 마이사노는 기업체를 위해 전임으로 중보기도를 담당하고 있다. 경영 컨설턴트가 보수를 받듯이 그녀도 보수를 받는다. 그녀는 회사 모임에 참석하여 조용히 기도하며 주님의 음성을 듣는다. 내가 알고 있는 한 그녀가 집필한 책은 이 분야에 관한 유일한 책이다. 그녀는 직장 내 중보기도가 지니는 중요성을 다음과 같이 설명한다.

교회가 설립된 이후로 기도와 중보기도 없이는 그 어떤 역사도 일어난 바가 없다. 일터가 부흥하려면 중보기도가 중심 역할을 담당함으로써 다리를 놓고 길을 만들어 하나님 나라를 위한 일꾼들의 부족을 채워 주어야 한다.

전에는 정치, 경제, 종교, 군대에 종사하는 사람들을 세상을 이끄는 사람들로 생각했지만, 이제는 일터에서 일하는 사람들에 의해 막대한 영향력이 행사되고 있다는 사실을 부인할 수 없다.

나는 직장 내에서 다양한 국내외 사업을 위해 중보기도의 책임을 담당해 오면서, 임직원들을 위해 기도하는 것이 얼마나 중요한지 직접 경험해 왔다. 중보기도는 그들의 삶에 은혜와 지혜는 물론 경제적 소득과 행복감을 가득 안겨주었다. 오늘날 '이것이 나의 소명이야!' 라고 생각하며 직장 내의 중보기도를 담당하려는 사람들이 점차 늘고 있는 추세다.[1]

---

1. Darlene Maisano, *Breaking Open the Doors of Success Through Marketplace Intercession* (Santa Rosa, FL: Christian International Business Network, 2004), n.p.

직장에서 일하는 중보기도자라는 개념은 어쩌면 매우 생소하게 느껴질지도 모른다. 하지만 신약성경을 보면 신자들이 서로를 위해 기도했던 사례를 많이 찾아볼 수 있다. 그 가운데 하나가 바로 에바브라다. 바울은 그에 대해 "그리스도 예수의 종인 너희에게서 온 에바브라가 너희에게 문안하니 저가 항상 너희를 위하여 애써 기도하여 너희로 하나님의 모든 뜻 가운데서 완전하고 확신 있게 서기를 구하나니"골 4:12라고 했다.

그러면 이제부터 오늘날 직장에서 중보기도를 담당하고 있는 대표적인 사례를 살펴보기로 하자.

광학제품 회사와 중보기도

콜린 페레이러는 우리 사역에 실행위원으로 동참하고 있다. 광학제품 회사를 운영하고 있는 경영자이기도 하다. 나는 2001년에 콜린을 처음 만났다. 당시 그는 자신이 주도하는 카리브해 실업인 모임에 나를 연사로 초청했다. 나는 그 후 콜린이 사업가로서 하나님 나라의 능력 있는 일꾼으로 발전해 가는 모습을 지켜보았다. 그의 비전은 기독교 신앙으로 국가를 개혁하는 것이다.

콜린은 자신의 사업을 하나님 나라의 사업으로 생각했다. 물론 그는 교회에서도 리더로 활동하고 있었고, 자신의 가장 중요한 소명이 사역에 있다고 생각했다. 그는 일터에서 매주 기도회를 가졌고, 회의를 할 때도 필요하다고 느끼면 즉시 기도하곤 했다. 그는 8년 동안 회사의 경영진과 매주 함께 모여 사업의 관점에서 잠언을 공부했다. 그들이 성경의 원리를 점차 깨우치자, 사업 방식에 많은 변화가 일어났다.

18년 전 콜린과 그의 경영진은 세금을 공제하기 전의 회사 이익 가운데 최소한 10%를 하나님 나라의 건설을 위해 사용하기로 결정했다. 하나님은 그들의 사업을 크게 축복하셨다. 그들은 많은 사역단체를 물질로 후원했고, 일부 단체를 위해서는 리더십과 행정적인 후원을 제공하기도 했다. 하지만 콜린은 대부분의 조직체에서 비슷한 어려움에 부딪히게 되자(종교적인 일에 대한 사람들의 반감 때문에 상황이 더욱 악화되는 경우가 많았다.), 좀더 많은 기도 후원이 필요하다는 점을 깨닫게 되었다. 마침 그가 재정 후원과 리더십을 제공하는 사역단체 가운데 '기도의 집'을 운영하는 단체가 있었다. 콜린은 그 단체를 이끄는 사역자에게 자기와 회사를 위해 계속해서 기도해 달라고 부탁했다. 사역자는 흔쾌히 승낙했다.

두 사람은 정기적으로 모임을 갖고 기도의 필요성과 조직체 내에서 야기되는 여러 가지 중요한 문제들을 논의했다. 그 사역자는 논의된 문제들을 중보기도 모임에서 조심스럽게 나누었다. 그러면서 종종 구체적인 문제를 발견했고, 그것을 위해 효과적으로 기도하는 방법을 알게 되었다. 이것이 계기가 되어 콜린은 회사 내에 중보기도자가 필요하다는 인식에 도달했다. 그의 말을 들어보자.

하나님은 좀더 적극적인 태도를 취하라고 계속해서 부추기셨다. 사업이란 것이 늘 변화무쌍하기 때문에 회의를 할 때 즉석에서 기도가 필요한 경우가 많다. 우리는 좀더 적극적인 태도로 회사의 업무를 영적 차원에서 이끌어줄 수 있는 권위자를 상주시켜야 한다고 의견을 모았다. 나는 전임으로 기도를 맡아줄 사람을 세우라는 하나님의 감동을 느꼈다. 비기독교인 직원들의 문제 제기와 비판을 불러일으키지 않고 어떻게 일정한 보수를 주고 기도를 담당해 줄 사람을 뽑느냐 하는 문제가 관건이었다.

우리는 그 문제를 놓고 주님께 기도했다. 주님은 우리의 기도에 응답하셨다. 우리는 '직원들의 조력자/중보기도자' 라는 직위를 새로 만들었다. 새 직위를 맡은 여성은 120명의 직원들에게 '조력자' 역할을 해야 했다. 그녀의 임무는 문제가 있는 직원들을 구체적으로 도와줄 수 있는 방법을 찾는 일이다. 직원들의 필요와 회사의 진정한 관심사를 찾아 해결하는 한편, 직원들이 최선을 다해서 일할 수 있도록 독려하는 것이 그녀의 역할이다.

그녀는 회사의 사무실과 공장이 위치해 있는 여섯 곳을 정기적으로 방문하여 직원들과 대화를 나누며 각종 문제를 안고 있는 직원들을 찾아낸다. 몇 가지 예를 들면, 결혼문제, 양육문제, 주택문제, 경제문제, 의료문제 등이다. 필요한 조언과 방향을 제시하고, 개개인의 상황을 주의 깊게 파악하여 구체적인 도움을 주는 것이 그녀의 일이다.

콜린은 이 분야를 좀더 발전시키기 위해 플로리다에 위치한 '크리스천 인터내셔널' 하나님의 예언적인 말씀에 대한 수용력을 개발하는 데 풍부한 경험이 있는 단체에서 회사의 중보기도자와 함께 좀더 훈련을 쌓기로 결정했다. 콜린은 기독교인 CEO는 다른 누군가가 하나님의 뜻을 전해 주기만을 바라고 있어서는 안 되고 직접 하나님의 음성을 들을 수 있어야 한다고 생각한다. 또한 '성스러운 것과 속된 것' 을 구분하지 않으려면 그런 영적 훈련을 받는 것이 경영 세미나만큼이나 중요하다고 확신한다. 훈련은 두 사람 모두에게 많은 깨달음과 실질적인 도움을 주었다.

콜린은 '직원들의 조력자' 즉 회사의 중보기도자가 현재 행하고 있는 활동을 이렇게 설명한다.

사무실과 공장을 방문할 때면 그녀는 직원들의 문제만을 파악하는 데 그치지 않고, 그곳의 영적 문제를 아울러 파악하려고 노력한다. 파악된 문제는 장소에 따라 천차만별이다. 그 가운데는 심지어 컬트 집단에서 사용하는 도구로 사술을 행하는 문제도 포함될 수 있다. 사장이 포함된 중보기도 팀은 업무시간 외에 그곳을 재차 방문해 그곳의 상황과 필요를 파악하고 구체적으로 기도한다. 매주 다른 장소를 방문한다.
이밖에도 회사의 중보기도자는 일주일에 한번 직원 기도회를 인도한다. 특히 경영진의 기도 모임을 주관하고, 비밀을 유지해야 할 민감한 상황을 논의한다. 때로 우리가 기도하는 동안 그녀는 환상을 보거나, 어떤 일을 확증해 주거나, 목표로 삼아야 할 방향이나 모호한 생각을 좀더 확실하게 만들어주는 주님의 말씀을 듣기도 한다. 또한 그녀는 새로운 상황이 발생하면 언제라도 기도할 수 있도록 24시간 대기하고 있다.
우리는 직장 내의 중보기도에 관해 여전히 하나님의 지혜를 구하는 중이다. 각각의 상황은 나름대로 독특하기 때문에 회사 내 중보기도자를 운영하는 문제에 획일적으로 적용할 수 있는 원칙은 없다. 하지만 오늘날 하나님 나라의 건설을 지향하는 조직체라면 반드시 그와 같은 제도를 마련하는 것이 급선무라고 생각한다.

중보기도자와의 만남

1996년 6월 래리 버켓이 이끄는 사역단체인 '크리스천 파이낸셜 컨

셉츠' 현재는 크라운 미니스트리로 개칭되었음가 발행하는 월간지에 내 글이 실렸다. 글이 실린 직후 잰이라는 여성이 사무실로 전화를 걸었다. 그녀는 자신이 중보기도 사역에 종사해 왔다면서 그 일을 주님의 소명으로 생각한다고 말했다. 당시 나는 한 멘토와 더불어 새로 시작한 사역을 후원해 줄 중보기도자가 필요하다는 대화를 나누던 중이었다. 하지만 그런 일련의 사건이 실제로 무엇을 의미하는지 알게 되기까지는 약간의 시간이 필요했다.

며칠 후 잰이 사무실에 찾아와 내 멘토의 아내인 수를 만났다. 당시 수는 내 사무실의 일부를 사용하고 있었다. 수 자신도 막강한 기도의 용사였다. 그녀는 종종 한밤중에 일어나 주님이 생각나게 하신 사람들을 위해 기도한다. 두 여성은 곧 함께 기도를 시작했다.

잠시 후에 잰은 세 사람을 위해 기도해야 할 필요성을 느낀다고 말했다. 세 번째 사람을 위해 기도할 때 그녀는 12살 내지 14살 정도 되어 보이는 한 소년이 농구를 하는 모습이 보이고, 또 그가 인생의 큰 위기를 경험한 후부터 늘 불안감에 시달리며 성장하는 모습이 떠오른다고 했다. 잰은 그 사람을 위해 기도했다. 그리고 수에게 혹시 그 사람이 누구인지 아느냐고 물었다. 두 말할 것도 없이 그것은 바로 나였다. 나는 14살 때 아버지가 돌아가셨고, 당시 농구를 했으며, 불안감과 공포에 사로잡혀 살아왔다. 다른 두 사람은 수의 남편과 광고대행업을 할 때 마지막까지 남아 있던 직원이었다.

나는 그 말을 전해 듣고 깜짝 놀랐다. '내 사무실에 찾아온 이 "선견자"가 과연 누구일까?' 하는 생각이 들었다. 며칠 뒤에 마침내 잰과 나는 레스토랑에서 만났다. 중보기도자와의 최초의 만남이었다. 우리는 함께 기도했다. 기도를 마칠 무렵, 잰은 주님이 내가 큰 집회에서 많은 사람들에게 말씀을 전하는 모습을 보여주셨다고 말했다. 나도 전에 내가 많은 사람에게 말씀을 전하는 꿈을 꾼 적이 있었다. 그녀의 말은 내 꿈을 확증해 주었다. 나는 감격에 겨워 눈물을 흘리지 않을 수 없었다. 그로부터 거의 10년이 지난 지금, 나는 14개국을 방문하여 내 삶과 일터에서 일어나는 하나님의 사역을 많은 사람 앞에서 증언하고 있다. 잰은 그 후로 줄곧 기도로 사역에 동참하고 있다.

직장 내에서 중보기도를 활용하는 방법

일터에서 중보기도를 활용했던 내 경험을 바탕으로, 직장 내에서 중보기도를 활용할 수 있는 가장 좋은 방법을 소개하고자 한다.

먼저 나는 개인적으로 기도하며, 중요한 문제가 있는 경우에는 아내와 상의한다. 그런 다음에는 기도팀에게 구체적인 문제를 위해 기도해 달라고 요구하고, 하나님의 음성을 들은 것이 있으면 알려 달라고 부탁한다. 우리는 기도팀이 말하는 내용을 깊이 숙고한 뒤에, 하나님의 인도라는 확신이 드는 것에 기초해 전략적인 결정을 수립한다.

중보자의 역할은 전략적인 결정을 내리는 것이 아니라, 하나님의 뜻을 전하며 '영적 위기'를 초래하지 않도록 경각심을 심어주는 것이다. 지금까지 말한 내용을 구체적으로 보여줄 수 있는 사례 하나를 살펴보기로 하자.

몇 년 전 새로운 사역을 시작하기 위해 몇몇 동료들과 모임을 가졌다. 여러 달 동안 나는 사역의 근본 방향을 놓고 고심했다. 하지만 마음에 있는 생각을 말하는 것이 하나님의 뜻인지 확신하기 어려웠다. 나는 잰에게 구체적인 내용을 말하지 않은 채 단지 내가 고민하는 문제를 위해 기도해 달라고 부탁했다. 다음날 아침 잰은 하나님이 마음에 있는 바를 담대히 실행에 옮기라고 말씀하시는 것 같다는 메일을 보내왔다. 더구나 그녀는 무엇인가 "근본적인" 것을 말하라는 표현을 사용했다. 나는 그것을 하나님이 내 생각을 인정하시는 징표로 생각하고 마음에 있는 바를 담대히 말했다. 그 결과 동료들과의 관계는 자연스럽게 청산되었다.

현재 내게는 세 유형의 기도 후원자가 있다.

1. **일반 기도 후원자.** 일반 기도 후원자는 대개 비교적 짧은 시간 **동안** 다른 사람들을 위해 기도하는 사람을 말한다. 현재 우리의 사역을 위해 자원해서 기도하는 후원자가 1,000명이 넘는다. 나는 이들 일반 기도 후원자에게 정기적으로 알림장을 보내 사역의 현황을 소개하고 기도 제목을 구체적으로 설명한다. 이들은 우리를 대신해 하나님의 음성을 듣는 역할은 하지 않기 때문에 기도 응답을 개인적으로 전해오는 경우는 거의 없다.

2. **중보기도자.** 단순히 기도하는 사람과 중보기도를 하는 사람은 분명한 차이가 있다. 중보기도자는 나를 대신해 비교적 오랫동안 기도에 헌신한다. 이들은 종종 주님의 응답을 받은 내용을 통보해 준다.

3. **핵심 중보기도자.** 핵심 중보기도자는 한두 사람뿐이다. 이들은 내 가족과 나를 잘 알고, 종종 내가 가는 곳에 함께 가거나 중요한 행사에 동참하기도 한다.

그러면 어떻게 중보기도자를 찾아내 함께 일할 수 있을까? 먼저 하나님께 그런 사람을 찾을 수 있게 해주십사고 기도하라. 그런 다음에는 교회의 목회자에게 기도 후원을 담당해 줄 사람들을 추천해 달라고 요청하라. 일단 중보기도자를 찾은 후에는 함께 일을 시작하기 전에 어느 선까지 도움을 요청할 것인지 결정하라. 도움을 요청할 내용을 문서로 작성한 뒤에 함께 논의하는 방법도 좋다. 마지막으로 서로의 관계를 천천히 발전시켜 나가되, 서로에게 큰 부담이 되지 않는지 확인하라.

중보기도자들의 보수

중보기도자들에게 적당한 보수를 제공함으로써 그들이 기도에 할애하는 시간을 보상해 준다는 것은 아직 발전 단계에 있는 새롭고 낯선 개념이다. 하지만 사람들에게 보수를 제공하고 기도를 요구하는 것을 반드시 부적절하게 생각할 필요는 없다. 그런 통념을 버리고 회사를 위해 기도하는 사람도 회사를 위해 일하는 다른 직원들처럼 보수를 받아야 한다는 점을 새롭게 인식해야 할 필요가 있다.

적당한 보수를 제공하고 중보기도자를 고용하는 방법은 상황과, 연루된 사람들과, 중보기도자의 능력과 자질에 따라 달라진다. 몇 가지 방법을 예로 들면 다음과 같다.

- **회사의 직원.** 내가 알고 있는 한 회사는 직원들을 중보기도자로 활용하고 있다. 그들은 회사에서 구체적인 업무를 처리하면서 동시에 자발적으로 회사를 위해 기도한다.

- **유급 중보기도자.** 회사를 위해 온전히 기도에만 전념하는 유급 중보기도자를 고용할 수 있다. 그런 경우에는 일종의 사내 목사와 같은 역할을 하게 된다.
- **사외 중보기도자.** 사외 중보기도자는 한 회사를 전담하거나 여러 회사를 동시에 맡아 일할 수도 있다. 그런 사람은 회사를 위해 기도하며 응답받은 내용을 보고하는 형태를 취할 수 있다. 이런 경우 고정된 급여 체계를 마련할 수도 있고, 정기적으로 사랑과 감사의 뜻이 담긴 물질적인 보상을 제공할 수도 있다.

어떤 일이나 적당한 균형을 유지하지 못하면 도중에 문제가 발생할 수 있다. 적절한 성경적 근거를 갖추지 못하면 언제든지 사탄의 방해 공작에 직면할 수 있다. 중보기도자를 사업에 활용할 때는 다음 몇 가지 사항을 명심해야 한다.

- 중보기도자를 운세를 점치는 점쟁이로 생각해서는 안 된다. 경영자 자신이 직접 하나님의 뜻을 구해야 할 책임이 있다.
- 중보기도자가 뭔가 구체적인 행동을 지시할 때는 조심해야 한다. 중보기도자의 임무는 그런 것이 아니다. 중보기도자의 역할은 하나님이 이미 경영자에게 말씀하셨다고 생각하는 바를 확증해 주는 데 그친다.
- 중보기도자 한 사람의 말만 듣고 결정하지 말라. 성경, 상황, 기도와 같은 다른 여러 가지 방법을 통해 확신을 얻도록 하라.
- 남녀가 혼합된 중보기도 팀을 구성하라.
- 마지막 결정의 책임자는 경영자 자신이다. 논리적으로 생각할 때 다소 맞지 않더라도 일단 결정을 내렸으면 마음을 편하게 갖고 모든 문제를

주님께 의탁하라. 때로는 전적인 복종이 필요할 때도 있다.
- 사업이나 직장에 중보기도를 접목시키려면 부가적인 노력과 시간이 필요하다. 하나님의 뜻을 구하는 한편, 다른 사람들과 대화를 나누고 그들의 의견을 청취하라.

직장 내 중보기도의 미래

우리는 앞으로 무엇을 기대할 수 있을까?

2004년 5월 나는 남아프리카에서 그곳에 있는 모든 교회를 대표하는 기업가들과 중보기도자들이 모인 자리에서 강연을 했다. 나는 일터와 도시와 국가를 변화시키려면 중보기도자들이 많아야 한다고 했다. 나는 하나님이 오늘날 도처에서 중보기도자를 세우고 계신다고 강조하면서, 전세계적으로 중보기도자의 연결망을 구성해 중보기도를 통해 정부, 가정, 예술, 종교, 교육, 사업, 대중매체 7가지 주요 분야에서 사회를 변화시켜 나갈 수 있는 활로를 트자고 제안했다.

중보기도자들은 개인적인 경험담과 직장 내의 중보기도에 관한 가르침을 들으면서 마음이 크게 고무되었다. 중보기도 팀을 이끌고 있던 한 리더는 모임에 참석한 기업인들을 모두 앞으로 나오게 한 뒤 둥글게 서게 했다. 그들은 각각의 기업인들을 위해 기도하기를 원했다. 그것에는 앞으로의 미래(기업인들과 중보기도자들이 함께 손을 잡고 일터와 도시와 국가를 변화시켜 나가게 될 미래)를 보여주는 예언적인 의미가 담겨 있었다. 나는 앞으로 더욱더 많은 기독교 기업인들이 직장에 중보기도를 도입할 것이라고 믿는다.

지금까지 9장에서는 중보기도를 직장에 도입하기를 원하는 기업인들을 대상으로 중보기도 문제를 논의했다. 하지만 중보기도는 어떤 조직체든 직책의 성격에 상관없이 적용되어야 한다. 경영자의 신분이든 아니든 9장에서 논의한 내용을 각자가 서 있는 위치에 적용하기를 바란다. 만일 중보기도자로 부르심을 받았다면, 중보기도 대상을 위해 열심히 기도하라. 오늘날 하나님은 기업인들에게 중보기도를 리더십의 방법으로 채택할 것을 요구하시며, 동시에 직장 내에 많은 중보기도자들을 일으켜 세우고 계신다. 하나님은 중보기도자들이 그분이 세우신 기업인들과 손을 맞잡고 일하기를 원하신다.

성 · 경 · 공 · 부 · 가 · 이 · 드

1. 에베소서 6:18, 골로새서 4:12, 베드로전서 2:5, 출애굽기 19:6, 로마서 8:26을 읽어보라. 이들 성경 구절로 보아 중보기도는 무엇을 의미하는가?

2. 이 장에서 논의한 3가지 유형의 기도에 관해 설명하라.

3. 유급 중보기도자의 직위를 신설함으로써 회사들이 얻게 된 유익을 말해 보라. 이들 회사는 중보기도에 초점을 맞춤으로써 어떤 긍정적인 결과를 얻었는가?

4. 직장에 중보기도를 활용할 수 있는 3가지 방법을 말해 보라.

5. 중보기도자에게 물질적으로 보상할 수 있는 3가지 방법을 말해 보고, 각각의 방법이 지니는 장단점을 설명하라.

6. 중보기도자를 맹신해서는 곤란하다. 중보기도자의 말은 이미 하나님이 우리에게 하신 말씀을 확증하는 데 그친다. 중보기도를 일터에 활용할 때 주의해야 할 점을 생각해 보라.

Chapter 10
하나님이 주신 것만 받으라

"만일 하늘에서 주신 바 아니면 사람이 아무것도 받을 수 없느니라"(요 3:27).

세례 요한은 죄인들에게 회개의 세례를 베풀고 장차 오실 메시아를 전하는 임무를 수행했다. 시간이 지나면서 요한의 주위에 그를 추종하는 제자들이 모여들었다. 하지만 약속하신 메시아가 나타나자, 즉 요한의 임무가 완성되자 요한의 제자들은 그가 증거했던 사람이 제자들을 모두 빼앗아 가고 있다고 불평했다.

"랍비여 선생님과 함께 요단강 저편에 있던 자 곧 선생님이 증거하시던 자가 세례를 주매 사람이 다 그에게로 가더이다"요 3:26.

그러자 요한은 이렇게 대답했다.

"만일 하늘에서 주신 바 아니면 사람이 아무것도 받을 수 없느니라" 요 3:27.

10장의 주제 성구는 바로 이 말씀이다.

요한은 매우 중요한 개념, 즉 가치 있는 것은 스스로의 노력과 계획에 의해서가 아니라, 하나님께 대한 복종을 통해 주어진다는 점을 이해했다.

훌륭한 성경교사이자 목회자였던 메이어에 관한 일화를 하나 소개하면 이렇다. 그는 약 100년 전의 인물이다. 당시 그는 교회를 담임하고 있었는데, 교인들의 숫자가 점점 줄어들었다. 그런 현상이 계속되자, 그는 어느 주일에 몇몇 교인에게 그 이유를 물었다. 그러자 한 교인이 이렇게 대답했다.

"저 아래 교회 때문입니다. 그곳의 젊은 설교자가 요즘 장안의 화제랍니다. 많은 사람들이 그의 설교를 듣기 위해 몰려들고 있어요."

그 젊은 설교자는 찰스 스펄전이었다. 메이어는 교인들을 만류하기는커녕 오히려 모두 그곳에 가서 그 설교를 듣고 '하나님의 역사'가 일어나는 것을 보라고 권고했다. 그러면서 이렇게 덧붙였다.

"이런 일이 일어나는 것을 보니 하나님의 역사임에 틀림없소."[1]

세례 요한처럼 하나님이 허락하시는 것만 받는다는 원리를 이해했던 메이어는 마을에 새로 나타난 경쟁자에게 전혀 위협을 느끼지 않고 오히려 함께 하나님의 역사에 동참했다.

하나님이 허락하시는 것만 받는다는 원리가 생소하게 들릴지도 모르겠다. 내 경우에도 한 친구가 내가 당시 구입했던 부동산을 언급하며 "하나님은 자네에게 그 부동산을 허락하지 않으셨네. 앞으로 그것

---

1. Steve Brown, *Key Life Ministries Radio Program* (Maitland, FL: 2003).

을 잃게 될 걸세. 왜냐하면 복종을 통해서가 아니라 자네의 수고와 땀으로 획득한 재산이기 때문이네."라고 말하기 전에는 한번도 그런 식의 가르침을 들어본 적이 없었다. 나는 그 말에 분노했고 그가 미쳤다고 생각했다. 하지만 그의 말은 옳았다. 나는 전 재산을 잃고 말았다.

무엇이든 우리의 노력이 아니라 하나님의 축복으로 주어져야 한다. 우리는 직업인으로서 자신의 능력과 지혜와 수고와 땀을 통해 이익을 추구할 수도 있고, 그와는 달리 하나님을 신뢰하며 소명에 복종하는 마음으로 열심히 일할 수도 있다. 이 두 가지 태도를 구별하는 잣대는 하나님 앞에서의 순전한 인격이며, 그런 차이는 오직 하나님과의 친밀한 관계를 통해서만 식별할 수 있다. 하나님은 우리가 그분이 허락하시는 것만 취할 때 영광을 받으신다.

예수님은 하나님이 무엇을 허락하시는지 잘 알고 계셨다. 그분은 땅에서 무엇이든 원하는 것을 가질 수 있는 능력이 있으셨다. 하지만 오직 하나님이 허락하시는 것만을 받는다는 원리를 친히 실천에 옮기셨다. 예수님에 대한 하나님의 뜻은 궁궐이 아닌 평민의 가정에서 사는 것이었다. 예수님은 하나님 아버지의 뜻을 확신하셨기에 명예와 권력과 부를 약속했던 사탄의 유혹을 물리치실 수 있었다. 예수님은 자신의 소명과 삶의 방식은 물론, 장차 당해야 할 십자가의 죽음을 온전히 이해하셨다.

예수님은 자신이 세상에 오신 이유와 세상에서 겪어야 할 일들을 잘 알고 계셨다. 사람들은 예수님을 왕으로 세우려고 했다. 하지만 그분이 세상에 오신 목적은 왕이 되기 위해서가 아니었다. 성경은 "그러므로 예수께서 저희가 와서 자기를 억지로 잡아 임금 삼으려는 줄을 아시고 다시 혼자 산으로 떠나가시니라"요 6:15고 말한다. 예수님은 겉으로 보면 한없이 나약한 삶을 선택하셨다. 하지만 하나님이 선택하신 길을 따르고, 그분이 최선의 것을 허락하신다는 사실을 믿고 의지하는 것이야말로 진정으로 강한 삶이다.

아브라함도 하나님이 선택하신 길을 따르는 법을 알고 있었다. 아브라함과 그의 조카 롯이 땅이 부족해서 더 이상 함께 지낼 수 없는 상황이 되었다. 아브라함은 먼저 롯에게 원하는 땅을 선택하라고 양보했다. 아브라함은 나이도 많고 권위도 더 높았지만 더 약한 입장을 취했고, 롯에게 더 나아보이는 땅을 선택하도록 허락했다. 아브라함은 하나님의 결정에 전적으로 복종함으로써 믿음을 입증했을 뿐 아니라, 스스로 선택했을 때 가질 수 있는 것보다 훨씬 더 많은 것을 가질 수 있었다.

아브라함은 서로의 동반 관계를 정리하면서 롯에게 선택권을 양보했다. 아브라함은 그렇게 함으로써(이는 바꾸어 말하면 하나님이 선택해 주시는 길을 따르겠다는 믿음의 표현이다.) 롯이 원치 않았던 땅을 선택해야 했지만, 결국에는 그의 눈이 미치는 모든 땅을 소유하는 축복을 받았다.

오스왈드 챔버스는 하나님께 무엇을 받기 위해 노력하는 태도와 그분이 선택해 주신 길을 따르는 태도가 큰 차이가 있다는 점을 분명히 보여준다. 그는 『주님은 나의 최고봉』에서 이렇게 말했다.

하나님은 때로 우리가 시험의 장소에 들어서도록 방치하신다. 믿음으로 살지 않으면 우리의 행복을 마치 옳고 정당한 것으로 간주하기 쉽다. 하지만 믿음으로 살면 우리의 권리를 기꺼이 철회하고 하나님이 선택해 주시는 길을 따를 수 있다. 이것이 바로 영적 훈련이다. 이런 영적 훈련을 통해 하나님의 음성에 복종할 때 자연적인 것이 신령한 것으로 변하게 된다.

'옳은 것'이 판단의 근거가 될 때마다 영적 통찰력은 무뎌진다. 하나님을 믿는 믿음을 방해하는 원수는 죄가 아니라 충분히 선하지 않은 선이다. 선은 항상 최상의 것을 방해하는 원수다. 세상에서는 아브라함이 직접 자신의 길을 선택하는 것이 가장 지혜로운 일인 것처럼 보일 수 있다. 그가 스스로의 길을 선택하지 않으면 주변 사람들은 그를 바보로 간주할 것이다. 하나님을 의지하고 그분이 선택해 주신 길을 따르는 대신에 옳은 것을 선택하기를 좋아하는 탓에 신령한 삶을 살아가지 못하는 이들이 많다. 우리는 하나님의 뜻에 부합되는 기준에 따라 사는 법을 배워야 한다.[2]

나의 경험

1980년대 말 나는 골프장에 인접해 있는 저택을 소유하고 있었다. 당시 그 집은 내게는 더할 나위 없는 안식처였다. 골퍼들이 돌아가고 나면 나는 골프장을 거닐면서 삶의 즐거움을 만끽하곤 했다. 하지만 이혼을 종결 짓기 위해 그 집을 처분해야 했다. 막상 처분하려니 마음이 착잡했지만 주님의 뜻인 줄 알고 복종했다.

그 뒤로 지금의 아내인 앤지를 만나게 되었다. 우리는 집을 보러 다니다가 내가 전에 살았던 그 골프장에 인접해 있는 집 한 채가 매물로 나와 있는 것을 발견했다. 우리는 집주인에게 안을 둘러봐도 되겠느냐고 물었다. 의외로 집주인은 흔쾌히 요청을 들어주었다. 집값이 예산

---

2. Oswald Chambers, *My Utmost for His Highest* (Grand Rapids, MI: Discovery House, 1989), n.p.

을 약간 상회했지만, 집은 무척 마음에 들었다. 나는 그곳이 하나님이 마련해 주신 보금자리라고 생각했다. 나는 내 생각을 앤지에게 말했다. 하지만 그녀는 정확한 이유는 알 수 없지만 그 집이 왠지 꺼림칙하다고 했다.

나는 앤지의 마음이 곧 평안해질 것이라고 확신했다. 그로부터 몇 주 뒤에 집주인은 집값을 2만 달러쯤 낮추었다. 나의 확신은 점점 더 커졌다. 나는 그곳이 우리 집이 될 것이라고 믿었다. 나는 그 집이 몹시 탐이 났다. 골프장이 한눈에 들어오는 전경이 특히 마음에 들었다. 나는 앤지의 의향을 다시 물었다. 그녀는 여전히 마음이 편하지 않다고 했다. 하지만 나는 분명한 확신이 있었기 때문에 속히 매매계약서를 체결하기로 결정했다.

바로 그 시점에서 앤지는 우리 부부를 잘 아는 친구들의 의견을 물어 결정하자고 제안했다. 나는 그녀의 제안을 받아들였다. 우리는 친구들에게 서로의 의견을 제시했고, 어느쪽에 찬성하느냐고 물었다. 놀랍게도 모두가 앤지의 편을 들었다. 나는 크게 실망하며 계약을 포기해야 했다.

바로 그 다음 주에 골프장 소유주가 전화를 걸었다. 그는 나의 친구였다. 그는 아직도 골프장에 인접해 있는 집에 관심이 있느냐고 물었다. 그러면서 최근에 남편을 잃은 한 여성이 집을 팔려고 한다는 말을 전해 주었다. '앤지가 저번에도 마음이 편치 않다며 만류했는데 이번에도 또 그럴 것이 틀림없어.'라는 냉소적인 생각이 떠올랐다. 아무튼 나는 일단 그 집을 둘러보기로 했다.

예쁜 집이었다. 지하실을 말끔히 수리해 놓았기 때문에 사무실로 사용하기에 충분할 뿐 아니라, 모든 것이 우리의 필요에 완벽히 들어맞았다. 나는 앤지가 그 집을 틀림없이 좋아할 것으로 생각하고, 다음날 집을 보여주었다. 예상했던 대로 앤지는 마음에 들어했다. 우리는 가격을 제시했고, 주인은 그 가격을 받아들였다. 지난번 집보다 거의 5만 달러 정도 저렴한 가격이었다. 더욱이 우리는 집을 판 주인과 친분을 맺고 서로 왕래하게 되었다. 그리고 어느 날 그녀는 마침내 그리스도를 주님으로 영접했다.

나는 이 경험을 통해 하나님을 위해 무엇을 포기하면 더 좋은 것으로 축복해 주신다는 진리를 깨달았다. 하나님은 때로 시련을 허락하기도 하시지만, 자녀들에게 큰 축복을 베푸시기를 좋아하신다. 첫 번째 집도 좋은 집이었지만, 하나님은 더 좋은 집을 허락하셨다. 그 모든 과정을 통해 하나님이 영광을 받으셨다. 그 동안 우리 집은 큰 축복의 장소가 되었다. 지금까지 많은 방문객이 우리 집을 방문했고, 우리 집은 많은 접대와 사역이 이루어지는 장소로 자리잡았다.

예수님 앞에 거하는 삶

성경에는 룻과 보아스에 관한 이야기가 나온다. 그들의 일화는 하나님을 의지하고 그분을 섬기면 물질적인 축복을 받게 된다는 점을 보여준다.

룻과 그녀의 시어머니 나오미는 둘 다 남편을 잃고 빈털터리 신세가 되어 나오미의 고향 베들레헴으로 돌아왔다. 당시의 관습대로 룻은 추수하고 남은 곡식 알갱이를 줏기 위해 들판으로 나갔다. 그녀는 우연히 죽은 시아버지의 친척이었던 보아스의 밭에 이르게 되었다. 들판에서 하루 종일 일한 끝에 그녀는 한 에바약 22리터를 줍게 되었다.

나오미는 보아스가 "기업 무를 자" 가운데 한 사람이라는 사실을 알고 룻에게 타작마당을 찾아가라고 권했다. 그러면서 보아스가 그곳에서 일을 하다가 밤에 잠을 잘 터이니 공손한 태도로 그의 발치에 누우라고 말했다. 룻은 시키는 대로 했다. 보아스는 룻에게 "네 겉옷을 가져다가 펴서 잡으라"고 말한 뒤에 "보리를 여섯 번 되어 룻에게 이워 주었다"룻 3:15.

룻은 하루 종일 밭에서 일한 뒤에 보리 한 에바를 거둘 수 있었다. 하지만 기업 무를 자의 발 아래 눕자 여섯 에바를 얻을 수 있었다. 우리도 룻처럼 주님 앞에서 살아간다면 우리 자신의 노력으로 만들어내거나 거둘 수 있는 것보다 훨씬 더 많은 것을 얻게 될 것이다.

우리 힘으로 원하는 것을 얻으려는 유혹

하나님이 필요한 것을 공급해 주시기를 기다리는 동안 자칫 잘못하면 우리 힘으로 원하는 것을 얻으려는 유혹에 빠질 수 있다. 문제를 해결하는 방법에는 수평적인 방법과 수직적인 방법이 있다. 수평적인 방법이란 우리의 노력으로 문제를 해결하려는 것으로, 육신에 속한 방법이다. 반대로 수직적인 방법이란 하나님께 문제를 맡기고 "주님, 어디에 문제 해결의 열쇠가 있는지 알 수 없습니다. 하지만 주님은 알고 계십니다. 해결책을 찾을 때까지 주님의 인도하심을 구하고, 주님이 정하신 때를 기다리겠습니다."라고 기도하는 것을 말한다.

성경을 보면 스스로의 노력으로 원하는 것을 손에 넣으려고 했던 사람들을 많이 찾아볼 수 있다. 물론 스스로의 힘으로 원하는 것을 손에 넣었던 경우도 적지 않다. 하지만 하나님을 의지하지 않거나 그분의 계획을 따르지 않은 탓에 그들은 하나님의 징계를 받아야 했다.

예를 들면 모세의 경우다. 민수기 20장을 보면, 모세와 이스라엘 백성이 물이 없이 여러 날을 견뎌야 했다는 내용이 나온다. 이스라엘 백성은 분노를 터뜨리며 모세에게 "어찌하여 우리를 애굽에서 나오게 하여 이 악한 곳으로 인도하였느냐 이곳에는 파종할 곳이 없고 무화과도 없고 포도도 없고 석류도 없고 마실 물도 없도다"5절 하고 따져 물었다. 모세는 하나님께 상황을 처리할 수 있는 지혜를 구했다. 하나님은 그에게 "지팡이를 가지고……그들의 목전에서 너희는 반석에게 명하여 물을 내라 하라 네가 그 반석으로 물을 내게 하리라"고 말씀하셨다8절. 이 말씀은 하나님이 모든 것을 주관하신다는 것을 보여준다. 즉, 하나님은 자신이 모든 필요를 채워 주시는 공급자이시며, 모세가 이스라엘 백성의 지도자라는 사실을 보여주시기 위해 기적을 준비하셨다. 다음 성경구절을 읽어보자.

모세가 그 명대로 여호와의 앞에서 지팡이를 취하니라 모세와 아론이 총회를 그 반석 앞에 모으고 모세가 그들에게 이르되 패역한 너희여 들으라 우리가 너희를 위하여 이 반석에서 물을 내랴 하고 그 손을 들어 그 지팡이로 반석을 두 번 치매 물이 많이 솟아나오므로 회중과 그들의 짐승이 마시니라 9-10절.

백성들의 태도에 혐오감을 느낀 모세는 분노에 찬 어조로 그들을 꾸짖고 반석을 향해 명령하라는 하나님의 지시를 잊은 채 지팡이로 두 번 두들겼다. 모세의 불순종에도 불구하고 물이 쏟아져 나왔다. 하지만 하나님은 모세를 기쁘게 여기시지 않았다. 결국 하나님은 모세와 아론에게 "너희가 나를 믿지 아니하고 이스라엘 자손의 목전에 나의 거룩함을 나타내지 아니한 고로 너희는 이 총회를 내가 그들에게 준 땅으로 인도하여 들이지 못하리라"12절고 선언하셨다.

모세의 잘못은 우리가 개인생활과 직장생활에서 흔히 저지르는 잘못과 유사하다. 그는 무엇인가를 성취할 수 있는 능력을 지닌 지팡이(앞에서 말한 대로 지팡이는 그의 소명과 하나님께 받은 권위를 상징한다.)를 사용했다. 우리에게도 모세처럼 무엇인가를 이룰 수 있는 능력이 있다. 우리는 일련의 일을 주도해 스스로의 능력으로 선한 일을 이룰 수 있다. 문제는 하나님께 복종하는 태도로 주어진 능력을 사용해야 한다는 점이다. 만일 그렇지 않으면 어떤 일을 이루든지 그것은 하나님이 허락하신 것이 아니다.

하나님은 인간의 지혜와 능력에만 의존하는 기업인들을 원치 않으신다. 하나님은 스스로의 능력이 아니라 항상 그분을 의지하셨던 예수 그리스도를 본받는 기업인들을 원하신다. 그리스도는 겸손한 종의 태도를 취하셨다. 그분은 자신의 능력으로 무엇을 이루기를 원치 않으셨다. 그분은 오직 복종을 통해 하나님이 허락하시는 것만을 받으셨다. 그분은 하나님이 많은 축복과 놀라운 기적을 베푸셨던 통로였다.

오늘날 하나님은 일터에서 그런 사람들을 일으켜 세우고 계신다. 그들은 결코 자기를 드러내지 않는다. 오히려 이름도 없이 얼굴도 없이 겸손히 예수님을 본받고자 한다. 곧, 자연적인 것과 신령한 것의 균형을 적절히 유지한다. 하나님은 바로 그런 지도자를 통해 일터와 도시를 변화시키신다.

하나님의 뜻을 구하는 삶

여호수아 9장을 보면, 여호수아와 이스라엘 백성이 마침내 약속의 땅에 들어가 하나님이 허락하신 기업을 취하는 모습이 나온다. 광야 생활은 끝이 났고, 하나님이 약속하신 젖과 꿀이 흐르는 땅이 그들의 소유가 되었다. 그들은 전쟁에서 승승장구하며 진격해 나갔다.

하나님은 이스라엘 백성에게 가나안 땅에 거하는 거주민을 모두 죽이라고 명령하셨다. 기브온 족속(이들 족속도 하나님이 멸하라고 명령하신 족속 가운데 하나였다.)과 마주치기 전까지는 모든 일이 순조로웠다. 기브온 족속 가운데 몇 사람이 마치 여행자처럼 옷을 입고 이스라엘 백성에게 다가왔다. 그들은 낡아서 기운 신을 신고, 마르고 곰팡이가 난 떡을 담은 자루를 맨 채 마치 먼 나라에서 온 것처럼 여호수아와 이스라엘 백성을 속였다. 여호수아 9:14-15을 읽어보자.

"무리가 그들의 양식을 취하고 어떻게 할 것을 여호와께 묻지 아니하고 여호수아가 곧 그들과 화친하여 그들을 살리리라는 언약을 맺고 회중 족장들이 그들에게 맹세하였더라."

여호수아가 기브온 족속에 대해 여호와의 뜻을 구하지 않았기 때문에 이스라엘 백성은 할 수 없이 적과 평화조약을 맺게 되었다. 속았다고 하더라도 어쩔 수 없었다.

하나님의 축복을 경험하기 시작할 때 특별히 주의해야 한다. 일이 잘되어 하나님을 의지하지 않고 독자적으로 행동하기 시작하면 믿음이 나태해질 가능성이 높다. 우리는 하나님이 그분과 관계를 맺게 하시려고 우리를 창조하셨으며, 우리의 삶을 인도하시기를 원하신다는 사실을 명심해야 한다. 하나님이 그렇게 하기를 원하시는 이유는, 우리를 지배하고 싶으셔서가 아니라 우리를 사랑하시기 때문이다.

약속의 땅은 우리 자신의 수고와 노력이 아니라 복종을 통해 얻어진다. 여호수아 24:13을 읽어보자.

"내가 또 너희의 수고하지 아니한 땅과 너희가 건축지 아니한 성읍을 너희에게 주었더니 너희가 그 가운데 거하며 너희가 또 자기의 심지 아니한 포도원과 감람원의 과실을 먹는다 하셨느니라."

부모는 자녀가 공경하는 태도로 조언을 구할 때 크게 기뻐한다. 하나님도 마찬가지시다. 약속의 땅에서 독자적으로 행동하지 않도록 주의하라. 하나님은 항상 우리의 삶에 개입하기를 원하신다. 만일 우리가 하나님을 의지한다면, 그분은 기꺼이 우리의 길을 인도해 주실 것이다.

성 · 경 · 공 · 부 · 가 · 이 · 드

1. 요한복음 3:27을 읽어보라. 세례 요한이 제자들에게 그렇게 대답하게 된 상황을 설명하라. 요한의 대답으로 미루어 볼 때, 그는 자신의 소명을 어떻게 이해하고 있었는가?

2. 교인들이 다른 교회에 가도록 격려했던 메이어 목사는 모든 상황을 하나님 나라의 관점에서 이해했던 좋은 사례가 아닐 수 없다. 그런 일을 할 수 있었던 메이어는 과연 어떤 유형의 인물이었을까?

3. 요한복음 6:15을 읽어보라. 예수님은 무엇을, 언제 받아야 할지를 알고 계셨다. 당신의 삶에 어떻게 그 원리를 적용할 수 있을지 생각해 보자.

4. 창세기 13:5-17을 읽어보라. 아브라함이 기꺼이 장자의 권리를 포기하고 롯에게 먼저 갈 곳을 선택하게 했던 이유는 무엇일까? 그런 태도를 취하려면 어떤 성품이 필요할까?

5. 룻기 2:1-3:15을 읽어보라. 룻이 밭에서 이삭을 줍던 때와 보아스의 발치에 누웠을 때 각각 어떤 결과가 나타났는가? 두 결과를 서로 비교해 보라. 룻을 통해 배울 수 있는 교훈은 무엇인가?

6. 민수기 20:9-11을 읽어보라. 모세는 분노를 이기지 못하고 지팡이로 반석을 쳤다. 하지만 반석에서 물을 내는 목적은 그대로 달성되었다. 자신의 힘으로 무엇인가를 이루려는 태도에는 어떤 위험이 뒤따르는가? 모세는 결국 무엇을 잃고 말았는가?

Chapter 11
자신을 의지하지 말라

"하나님의 성령으로 봉사하며 그리스도 예수로 자랑하고 육체를 신뢰하지 아니하는 우리가 곧 할례당이라"(빌 3:3).

몇 년 전의 일이다. 당시 한 큰 사역단체에서 모임을 마련할 테니 '일터 변화시키기 운동'에 동참할 수 있는 방안을 제시해 달라는 요청이 들어왔다. 나는 그 본부에 들러 몇 가지 의견을 교환했다. 그 결과 우리는 연합 집회를 열기로 결정했다.

그 사역단체의 본부를 방문하는 동안 나는 오전 5시에 일어나 주님이 감동을 주시는 대로 출애굽기 33:15을 읽었다. 그 구절은 모세가 이스라엘 백성의 금송아지 숭배 행위 이후에 하나님께 토로하는 내용이었다. 모세는 하나님이 함께 가시겠다고 약속하지 않으시면 더 이상 앞으로 나아가지 않겠다고 했다. 나는 이 내용을 연합 집회의 주제로 삼기로 결정했다.

그날 아침 그곳 사역단체의 몇몇 사람들에게 내가 하나님께 받았다고 생각하는 출애굽기 본문을 집회의 주제성구로 삼으려 한다고 말했다. 하지만 그 사역단체의 리더는 내 말에 진지한 관심을 보이지 않았다. 나는 좀 짜증스러웠고, 자존심에도 상처를 입었다. 하지만 수년 동안 지켜오던 원리("권위를 지닌 자처럼 행동하되, 권력을 휘두르지 말라.")를 따르기로 결심했다. 나는 하나님이 그분의 말씀을 내 마음에 진정으로 허락하셨다면, 내가 권위를 내세우지 않아도 모든 것을 섭리해 주시리라고 믿었다.

주제를 두고 좀더 의견을 개진했지만, 아무 해결책도 나오지 않았다. 몇 시간 뒤에 다시 집회의 주제가 화제로 떠올랐다. 나는 한 친구에게 출애굽기 33:15을 읽어주었다. 그는 그 말씀을 집회의 주제로 삼는 것이 괜찮겠다며 큰 관심을 보였다. 뜻밖에 그 사역단체의 리더도 "좋습니다. 그 말씀을 집회의 주제로 정하기로 하죠."라고 동의했다. 당시의 경험은 내게 큰 교훈이 되었다.

그로부터 몇 주 뒤에 나는 공항에서 중보기도를 해줄 친구를 마중했다. 그는 내 차에 타면서 "주님이 집회의 주제를 말씀해 주셨네. 주제성구는 출애굽기 33:15, 즉 '모세가 여호와께 고하되 주께서 친히 가지 아니하시려거든 우리를 이곳에서 올려 보내지 마옵소서' 라는 말씀이네."라고 말했다.

신앙의 역설

업무 수행 능력이 부족한 사람은 오늘날과 같은 경쟁사회에서는 쉽게 도태될 수밖에 없다. 세상 사람들은 물론이고 요즘에는 기독교인들조차도 자신의 힘으로 하나님의 뜻을 이루려고 하는 경향이 많다. 하지만 성경은 자신의 힘을 의지하지 말고 전적으로 하나님을 의지하라고 말한다.

이것이 바로 신앙의 역설이다. 바울은 빌립보서 3:3에서 육체를 신뢰하지 말라고 했다. 아울러 시편 기자도 33:16-17("많은 군대로 구원얻은 왕이 없으며 용사가 힘이 커도 스스로 구하지 못하는도다 구원함에 말은 헛것임이여 그 큰 힘으로 구하지 못하는도다")에서 세상 것을 자기방어를 위한 보호수단이나 자랑거리로 삼아서는 안 된다고 말한다.

그러면 세상이나 우리 자신을 의지하지 않고 과연 누구를 의지해야 할까?

"여호와는 그 경외하는 자 곧 그 인자하심을 바라는 자를 살피사 저희 영혼을 사망에서 건지시며 저희를 기근 시에 살게 하시는도다"시 33:18-19.

이 말씀에 대답이 있다. 이는 "종말로 너희가 주 안에서와 그 힘의 능력으로 강건하여지고"엡 6:10라는 바울의 말과 일맥상통한다.

하나님은 우리가 그분을 의지하기를 원하신다. 하나님은 성경 도처에서 그분을 의지하는 믿음을 강조하신다.

예를 들어, 사사기 7장을 보면 하나님은 기드온의 군대를 22,000명에서 300명으로 줄이게 하신 후에 싸움에 내보내셨다. 그 이유는 기드온이 군대의 힘을 의지하지 않게 하시기 위해서였다.

여호수아 6장에서도 하나님은 여호수아에게 나팔을 불면서 여리고 성을 일곱 바퀴 돌라고 명령하셨다. 그것도 역시 군대의 힘이 아니라 하나님을 의지하게 하시기 위해서였다.

사무엘하 24장을 보면, 다윗이 군대의 규모를 파악하기 위해 군인들을 계수했을 때 하나님은 그를 징계하셨다. 그 이유는 다윗이 군대의 힘을 과신하거나 자랑할 의도로 그 숫자를 헤아렸기 때문이다.

한편, 예수님은 건축가의 비유에서 건축을 시작하기 전에 먼저 정확한 예산을 세우는 것이 좋다는 말씀으로 제자들에게 신중한 태도를 주문하셨다. "너희 중에 누가 망대를 세우고자 할진대 자기의 가진 것이 준공하기까지에 족할지 먼저 앉아 그 비용을 예산하지 아니하겠느냐 그렇게 아니하여 그 기초만 쌓고 능히 이루지 못하면 보는 자가 다 비웃어 가로되 이 사람이 역사를 시작하고 능히 이루지 못하였다 하리라"눅 14:28-30.

그러면 언뜻 서로 모순인 듯 보이는 이 두 가지를 어떻게 조화시켜 나갈 수 있을까?

자신의 능력을 내려놓으라

어느 날 친구이자 멘토인 거너 올슨에게 물었다.

"하나님을 의지하고 신뢰하는 마음을 잃지 않고 그분이 허락하신 은사와 재능을 사용하려면 어떻게 해야 하나요?"

"글쎄요, 매우 어려운 질문이군요. 내 경우에는 스스로를 억제하는 방법을 사용하곤 하죠. 다시 말해, 어떤 경우에는 하나님의 온전하신 역사가 일어날 수 있도록 타고난 재능을 억제할 때가 있답니다."

그의 대답을 듣는 순간 마치 번갯불 같은 깨달음이 뇌리를 스쳐 지나갔다.

우리는 각자의 직업에 종사하면서 어떤 희생을 치르더라도 최선을 다해야 한다는 식으로 훈련되어 왔다. 하지만 성령의 인도하심과 상관없는 인내는 단지 인간적인 노력과 수고에 불과하다. 우리는 이 두 가지를 균형 있게 조화시킬 수 있는 방법을 터득해야 한다. 워치만 니는 인간의 힘을 의지하는 것에 대해 이렇게 말했다.

자신의 부와 힘만을 의지하는 **탓**에 하나님이 역사하실 수 있는 여지를 마련하지 못하는 이들이 많다. 나는 "무력한, 절망적인"과 같은 말을 종종 떠올린다. 나는 "제게 있는 것은 모두 다 주님의 것입니다. 저는 아무것도 없는 빈털터리입니다. 주님이 없다면 저는 아무 힘도, 희망도 없는 존재입니다."라고 고백하지 않을 수 없다. 우리는 하나님이 없이는 숨을 내쉴 수도, 들이쉴 수도 없을 것처럼 그분을 온전히 의지해야 한다. 우리는 자신의 경건함과 능력이 모두 하나님에게서 비롯한다는 점을 깨달아야 한다. 하나님은 우리가 무기력하고 절망적인 모습으로 그분 앞에 나오는 것을 기뻐하신다. 일전에 한 형제가 "성령의 역사가 일어나려면 어떤 조건이 필요한가요?" 하고 물었다. 나는 성령의 역사를 통해 먼저 우리 힘으로는 아무것도 할 수 없다는 사실을 깨달아야 한다고 대답했다.[1]

물론 하나님은 우리에게 재능을 허락하셨고, 그것을 통해 역사하신다. 때로는 우리를 통해 하나님이 역사하고 계시는지, 아니면 타고난 재능인지 구별할 수 없을 때가 있다. 우리는 그 차이를 구별하기 위해 노력해야 한다(물론 너무 지나친 분석은 바람직하지 않다).

---

1. Watchman Nee, *The Latent Power of the Soul* (Newspeak, NY: Christian Fellowship Publishers, 1972, 『혼의 잠재력』<생명의말씀사>), p. 85.

하지만 성경의 원리는 분명하다. 바울은 설득력 있는 설교로 사람들의 마음을 변화시킬 수 있었던 것이 자신의 능력이 아니라 자기를 통해 하나님의 능력이 나타났기 때문이라는 사실을 분명히 이해했다.

"내가 너희 가운데 거할 때에 약하며 두려워하며 심히 떨었노라 내 말과 내 전도함이 지혜의 권하는 말로 하지 아니하고 다만 성령의 나타남과 능력으로 하여 너희 믿음이 사람의 지혜에 있지 아니하고 다만 하나님의 능력에 있게 하려 하였노라"고전 2:3-5.

하나님의 능력이 우리의 일을 통해 나타날 때 모든 영광이 그분께 돌아간다. 오스왈드 챔버스는 하나님의 능력이 인간의 재능을 통해 어떻게 나타날 수 있는지 설명했다.

자연적인 것을 단호히 포기하지 않으면, 초자연적인 것이 결코 우리 안에서 자연스럽게 이루어질 수 없다. 초자연적인 것과 자연적인 것이 마치 하나인 것처럼 보이는 신자들이 있다. 이런 말을 하면 "그들은 나와는 달라요. 내 경우에는 자연적인 것과 초자연적인 것이 전혀 일치하지 않아요."라고 말할지도 모른다. 그 이유는 오른팔을 베어 버리는 광신적인 듯한 행동, 즉 자연적인 것을 잘라내어 내던지는 훈련을 거치지 않았기 때문이다. 이것은 기도의 문제가 아닌 실천의 문제다. 영적인 것을 우선시하는 사람의 경우에는, 하나님이 자연적인 것과도 올바른 관계를 맺게 하신다. 그렇게 되면 성스러운 것과 속된 것의 구분이 없는 삶이 이루어져 신령한 것이 그 안에 밝히 모습을 드러낸다.[2]

---

2. Oswald Chambers, *Not Knowing Where: A Spiritual Journey Through the Book of Genesis* (Grand Rapids, MI: Discovery House Publishers, 1957), p. 122.

내 경우에도 처음 『TGIF』를 출판했을 때 이 원리를 직접 체득한 바 있다. 나는 광고대행업을 했던 관계로 출판업자들과 안면이 많았다. 그래서 전화 한 통화면 책을 쉽게 출판할 수 있을 줄로 생각하고 몇몇 출판업자들에게 전화를 걸었다. 그들은 내 책에 즉각적인 관심을 표명했다. 한 출판업자는 편지를 보내 출판의사를 밝히기도 했다. 하지만 1년이 지나면서 그만 유야무야되고 말았다. 책을 출판할 수 있는 길이 보이지 않았다.

나는 실망스러웠다. 다른 출판업자들에게 전화를 걸어 보았지만 더욱 실망스러울 뿐이었다. 나는 아내에게 거의 매일 불만을 털어놓았다. 아내의 말에 따르면, 나는 당시 입만 열면 책을 출판하는 이야기를 꺼냈다고 한다. 다소 과장된 말이지만, 사실 그런 면이 없지 않았다. 나는 독자적으로 책을 출판하고 싶은 생각도 있었다. 하지만 아내는 한사코 반대했다(당시 우리의 경제 형편은 여전히 열악했다).

어느 날 아내가 막 출근하려고 할 때, 나는 다시 실망스런 감정을 표출했다. 마침내 인내심이 바닥난 듯 아내는 톡 쏘아붙였다.

"여보, 책을 다 쓰기나 했어요?"

"아니, 아직도 60여 편 정도 남았어."

"책을 다 쓰고 나면 하나님이 출판할 수 있게 해주실 거예요!"

아내의 말은 내가 듣고 싶어했던 말이 아니었다. 하지만 아내는 그 말을 끝으로 문을 꽝 닫고 나가 버렸다. 나는 가만히 생각에 잠겼다. 그리고 마침내 아내의 충고를 받아들여서, 더 이상 출판업자를 찾지 않고 집필을 마무리하는 데만 심혈을 기울였다.

그로부터 얼마 후에 다른 문제로 몇몇 출판업자와 사업관계를 맺기 시작했다. 마침내 한 출판사의 편집장이 몇 달 안으로 한번 만나자는 의사를 표명했다. 그리고 마침내 만나게 된 그날, 출판 계약서를 제시했다. 놀랍게도 그날은 내가 365번째 글의 집필을 막 끝냈던 날이었다. 나는 집으로 돌아오면서 몇 달 전에 아내가 해준 말을 기억했다. 아내는 가히 선지자가 아닐 수 없었다.

나는 당시의 경험을 통해 내 책을 출판하는 것이 하나님의 뜻이었지만 그분이 온전히 영광을 받으시기 위해서 그런 일련의 과정을 겪게 하셨다는 사실을 깨닫게 되었다.

하나님의 능력을 증거하라

크리스탈 앨먼은 남아메리카 콜롬비아에서 의류 디자인에 종사하고 있는 사업가다. 그녀의 디자인은 정교한 문양과 독특한 액세서리로 유명하다. 유명한 한 유통업체가 그녀의 독특하고 독창적인 디자인에 관심을 갖고 다음 시즌을 위해 네 가지 형태의 디자인을 요구했다. 그 업체는 납품일자를 구체적으로 정해 주었는데, 제시간에 맞추기가 매우 힘든 날짜였다.

납품일자가 다가왔지만, 크리스탈은 아직 두 가지 형태의 디자인을 세부적으로 완성하지 못하고 있었다. 시간이 부족했다. 그녀는 유통업체에 전화를 걸어 두 가지 디자인은 완성되었지만, 나머지 두 가지 디자인은 시간이 좀더 필요하다고 말했다. 하지만 유통업체의 담당자는 "네 가지 다 제 시간에 보내주세요."라고 잘라 말했다.

크리스탈은 완벽주의자였다. 그녀는 자신의 창의성을 완벽하게 보여줄 수 있는 양질의 물건을 보내야 하는데 그렇지 못한 것에 심기가 매우 불편했다. 그 순간 그녀는 자신의 타고난 재능을 포기하고 하나님의 능력에 의지하기로 결심했다. 결국 그녀는 내키지 않는 마음을 억누른 채 완성된 두 개의 디자인과 완성되지 않은 두 개의 디자인을 유통업체에 보냈다.

그로부터 얼마 지나지 않아 크리스탈은 한 통의 전화를 받았다. 유통업자였다. 그런데 놀랍게도 그는 완성이라고 생각했던 두 개의 디자인을 거절하고, 오히려 미완성이라고 생각했던 두 개의 디자인을 주문했다.

크리스탈은 큰 깨달음을 얻었다. 그녀는 타고난 능력을 포기할 때 하나님의 능력이 나타난다는 사실, 즉 자신의 사업이 나날이 발전할 수 있었던 것이 전적으로 하나님의 도우심이었다는 사실을 깨달았다. 물론 그렇다고 해서 그녀의 창의성이나 재능이 전혀 필요하지 않다는 뜻은 아니다. 하지만 그녀는 자신의 논리적인 생각보다는 하나님을 더욱 의지해야 한다는 점을 새롭게 깨달을 수 있었다.

폴 커니도 비슷한 경험이 있었다. 폴은 플로리다 잭슨빌에서 일하는 건축가였다. 1980년 그는 한 사역단체와 손을 잡고 몇 가지 중요한 건축 프로젝트를 이끌었던 적이 있었다. 그 일은 폴에게 여러 가지 혹독한 시련을 안겨주었다. 그는 몇 번이고 일을 포기하고 싶었지만, 하나님은 그를 놔주지 않으셨다.

사역단체를 위한 건축 프로젝트가 단계적으로 축소되기 시작할 무렵, 그는 앞으로 있을 프로젝트를 위해 계속 남아 달라는 요청을 받았다. 그 동안에 할 일이 없이 놀고만 있을 수는 없었기에 사역단체는 그에게 여러 가지 일을 맡겼다. 그중에 하나가 화장실 청소였다. 그는 매일 아침 남자 화장실에 들어가 문을 잠그고 무릎을 꿇은 다음, "주님, 저는 대학을 졸업했습니다. 어떻게 제게 화장실 청소를 맡기실 수 있나요? 하나님, 저를 기억하시나요?"라고 불평의 기도를 털어놓았다.

폴은 주님이 사역단체와 손잡고 일하라고 부르셨다고 믿었지만, 어느 날 아침에는 더 이상 이런 식으로 일할 수는 없다고 생각하기에 이르렀다. 그는 이렇게 기도하기 시작했다.

"주님이 저를 높여 주시기 전에는 이곳을 떠나지 않겠습니다. 하지만 한 가지를 구하오니, 제가 처한 상황에 만족할 수 있게 하옵소서. 그렇지 않으면 단 하루도 더 견딜 수 없습니다!"

그는 매일 아침 주님께 상황에 만족할 수 있게 해주십사고 기도했고, 주님은 매일 아침 그에게 견딜 수 있는 힘을 허락하셨다. 하나님이 허락하신 힘은 하루 24시간만 지속되었다. 폴은 그때마다 다시 주님께 하루를 견딜 수 있는 힘을 구했다.

폴은 만족할 수 있는 마음을 얻었지만, 하나님이 자기를 완전히 잊고 계신다는 생각, 즉 자신이 하나님께 아무 쓸모가 없는 듯한 생각이 들었다. 그런 식으로 거의 일년이 흘렀다. 어느 날 아침 그가 경건의 시간을 갖고 있는데, "이제 내가 너를 높여 주마."라는 하나님의 음성이 마음에서 들려왔다. 그는 그날 아침 사직서를 제출했다.

그로부터 몇 달 뒤, 폴은 미드웨스트에서 성공적인 사업체 다섯 개를 이끌고 있는 한 사업가에게 전화를 받았다. 그는 투자자들을 위한 건축 개발 회사를 맡아 운영해 줄 사람을 찾고 있다면서 폴에게 면담을 요청했다. 전혀 예기치 않았던 전화였다.

폴은 면담장소로 차를 몰고 가는 동안 "주님, 제 삶에 오직 주님의 뜻이 이루어지기만을 원합니다. 제 소원은 오직 그 한 가지뿐입니다. 주님만 함께하신다면 사람들이 알아주지 않아도 남은 인생을 만족스럽게 살아갈 수 있습니다. 제가 만날 사람에게 저 자신을 스스로 천거하지 않을 것입니다. 저를 고용해야 할 이유도 주장하지 않겠습니다. 주님의 도움이 없으면 이 일을 맡기에는 제 경험이 너무나 부족합니다."라고 기도했다.

마침내 면담이 시작되었다. 사업가는 폴에게 대뜸 첫 번째 질문을 던졌다.

"만일 내가 선생님에게 화장실 청소를 하라고 요구한다면 어떻게 하실 건가요?"

폴은 너무 놀란 나머지 그만 할 말을 잊고 말았다(그는 당시 일을 떠올리며 "금방이라도 웃음이 터져 나올 것 같아서 속으로 참느라고 무척 애를 먹었죠."라고 술회한다). 폴은 아무 말 없이 걸레를 집어 들고 청소를 시작했다.

모두의 예상을 뒤엎고 폴은 채용되었다. 그는 스스로를 부족한 존재로 생각했다. 그의 관점에서 볼 때, 그는 모두가 부러워할 만한 직책을 맡게 될 가능성이 전혀 없는 사람이었다. 폴은 이렇게 말한다.

"나는 그런 직책을 맡을 자격도 없고, 또 노력해서 얻을 수도 없는 형편이었죠. 나는 그 일에 전혀 자격이 없었어요. 만일 내가 내 힘으로 하려고 했다면 그 일들을 결코 해낼 수 없었을 것입니다. 하지만 그 모든 것에도 불구하고 하나님의 손길이 나와 함께 있었기 때문에 내가 행한 모든 일이 큰 축복을 받게 되었죠."

폴이 주관했던 각종 프로젝트는 놀라운 성공을 거두었다. 폴은 자신이 꿈꾸던 직책을 맡게 된 지 몇 달 후에 사장에게 다른 사람들을 모두 마다하고 자신을 고용했던 이유를 물었다. 사장의 대답은 이러했다.

"폴, 지금도 이 직책을 원하는 사람들의 이력서가 산더미처럼 쌓여 있소. 내가 면담할 때 던졌던 첫 번째 질문을 기억하시오? 다른 사람들에게도 똑같은 질문을 던져 보았지만, 화장실을 청소하겠다고 대답한 사람은 당신뿐이었소. 폴, 나는 지금 부자요. 하지만 지독한 가난 속에서 성장했다오. 나는 지금도 집에 있는 화장실을 내가 직접 청소한다오. 자존심만 너무 높아 화장실을 청소할 수 없는 사람들에게 내 사업체를 맡길 수 없소이다."

폴의 이야기는 하나님이 자신의 재능과 능력을 기꺼이 포기하고 그분의 영광을 나타내고자 하는 사람을 높이 들어 사용하신다는 사실을 보여준다. 폴은 책임자의 위치에 올라서기까지 일년 동안 화장실을 청소했다. 폴은 그 경험을 통해 하나님을 기쁘시게 하는 것 외에는 아무 것도 중요하게 여기지 않을 정도로 성숙한 믿음을 갖게 되었다. 그 결과 그는 높이 쓰임을 받게 되었다.

하나님은 우리의 삶에 깊이 개입하신다. 모든 것은 그분의 섭리 아래 놓여 있다. 이런 사실을 깨달으려면 때로 우리 스스로 상황을 통제해 나가려는 태도를 버리고 하나님이 정하신 때를 기다릴 줄 알아야 한다. 기드온이나 여호수아, 또는 다윗처럼 하나님 나라의 큰 일꾼으로 쓰임을 받으려면, 때로 자신의 능력을 내려놓고 하나님의 역사가 나타나기를 기다리는 법을 배워야 한다. 그럴 때 하나님께 더 큰 영광이 돌아가고, 더욱 큰 열매를 거둘 수 있다.

교만의 유혹

부를 쌓고, 다른 사람들을 부리는 위치에 서고, 탁월한 업무 능력을 인정받게 되면, 하나님이 가장 미워하시는 죄, 즉 교만에 치우칠 가능성이 커진다. 교만은 직장에서 성공을 거둔 신자에게 가장 큰 유혹이다. 자신을 지나치게 높이기 시작하면 결국에는 하나님의 호된 심판을 받게 된다. 다음 성경을 읽어보자.

> 또 두렵건대 네가 마음에 이르기를 내 능과 내 손의 힘으로 내가 이 재물을 얻었다 할까 하노라……네가 만일 네 하나님 여호와를 잊어버리고 다른 신들을 좇아 그들을 섬기며 그들에게 절하면 내가 너희에게 증거하노니 너희가 정녕히 멸망할 것이라 여호와께서 너희의 앞에서 멸망시키신 민족들같이 너희도 멸망하리니 이는 너희가 너희 하나님 여호와의 소리를 청종치 아니함이니라 신 8:17, 19-20.

하나님은 이스라엘 백성을 향해 강력히 경고하셨다. 이 말씀이 보여주는 대로, 하나님은 자신의 업적을 자랑하는 교만한 사람을 가만히 두지 않으신다. 우리의 재능, 지성, 자원, 에너지, 어떤 일을 행할 수 있는 기회와 동기는 모두 하나님에게서 비롯한다. 하지만 우리가 교만해지면 하나님은 가차 없이 우리를 징계하신다.

다윗왕은 하나님이 자신의 삶을 통해 역사하신다는 성숙한 믿음을 지녔다. 그는 일생동안 하나님의 뜻을 추구하며 그분을 의지함으로써 축복을 받았다. 그는 성전을 지어 하나님께 영광을 돌리고 싶어했다. 하지만 하나님은 그에게 성전 건축을 허락하지 않으셨다. 그분은 "네

아들 그가 내 이름을 위하여 전을 건축하리라" 왕상 5:5고 말씀하셨다.

다윗은 생애 말년에 성전 건축을 위해 귀한 보석과 황금을 바치면서 의미심장한 말을 남겼다.

"나와 나의 백성이 무엇이관대 이처럼 즐거운 마음으로 드릴 힘이 있었나이까 모든 것이 주께로 말미암았사오니 우리가 주의 손에서 받은 것으로 주께 드렸을 뿐이니이다" 대상 29:14-15.

다윗은 오직 하나님이 허락하신 것만을 받는다는 중요한 원리를 깨달았다. 그는 자신의 부와 능력의 원천이 하나님께 있다는 겸손한 마음을 지녔다.

혹시나 교만한 마음이 없는지 스스로를 돌이켜 보자. 하나님이 맡기신 것을 그분의 백성이나 가난한 사람들과 함께 나누고 있는가? 다른 사람들에게 하나님의 축복의 도구가 되어 살아가고 있는가? 과연 어떤 교만이 우리의 삶에 도사리고 있는가? 오늘 이 시간 하나님께 여쭈어 보자.

교만한 마음 때문에 하나님께 버림을 받거나 쓰임 받지 못하는 일이 없도록 주의하자. 주님께 전적으로 헌신하며 그분의 도우심에 의지해 목표를 이루어 나가겠다고 결심하자. 직장 활동은 물론 삶 전체를 성공으로 이끌려면 스스로의 힘과 노력을 의지하지 말고 겸손히 주님을 의지해야 한다.

성 · 경 · 공 · 부 · 가 · 이 · 드

1. 시편 33:16-17을 읽어보라. 하나님이 우리의 재능과 능력을 의지하는 태도를 경고하시는 이유는 무엇인가?

2. 시편 33:18-19과 에베소서 6:10을 읽어보라. 이 구절들에는 어떤 경고가 담겨 있는가?

3. 사사기 7:2-3을 읽어보라. 하나님이 기드온에게 큰 군대를 허락하지 않으신 이유는 무엇인가?

4. 여호수아 6:1-21을 읽어보라. 하나님이 여호수아가 군대의 힘으로 여리고 성을 정복하지 못하게 하신 이유는 무엇인가?

5. 누가복음 14:28-30을 읽어보라. 이 말씀은 무엇을 경고하는가?

6. 성경에는 스스로의 재능을 의지하는 태도와 전적으로 하나님을 신뢰하는 믿음이 서로 갈등을 일으키는 것처럼 나타날 때가 많다. 인간의 재능을 의지하는 태도를 버려야만 하나님의 역사가 일어날 수 있다는 성경의 원리를 좀더 자세히 설명해 보라.

Chapter 12
일터에서 일어난 기적

"사도들의 손으로 민간에 표적과 기사가 많이 되매"(행 5:12).

하나님은 모세의 지팡이로 기적을 베푸시기를 원하셨다. "너는 이 지팡이를 손에 잡고 이것으로 이적을 행할지니라"출 4:17. 이 말씀은 모세의 소명을 통해 기적을 베푸시겠다는 의미다. 하나님은 우리의 지팡이소명를 통해서도 기적을 베풀고자 하신다. 이는 우리 자신은 물론 우리 주위에 있는 이들에게 하나님의 능력을 나타내시기 위해서다.

나는 세계를 돌아다니며 일터에서 그리스도의 능력을 경험하는 새로운 유형의 신자들을 만날 수 있었다. 그들은 일터에서 기적을 체험하고 있다. 그들의 이야기를 통해 하나님이 그분의 이름을 영화롭게 하시고 사람들에게 그분의 능력을 알게 하실 목적으로 우리의 일을 통해서도 똑같이 기적을 베푸시기를 원하신다는 사실을 기억해야 하겠다.

믿음의 기적

거너 올슨은 스웨덴에서 '알파팩'이라는 플라스틱 제조회사를 운영하는 사업가다. 알파팩에서는 유럽의 농가에서 사용하는 건초 수거용 대형 비닐봉지를 만들었다.

당시는 수확기였다. 알파팩은 고객들에게 보낼 수만 장의 비닐봉지를 선적할 채비를 갖추던 중이었다. 그런데 갑작스럽게 예상치 못한 사건이 발생했다.

어느 날 거너가 사무실에 들어서자, 회사의 생산 일정을 총괄하는 동생이 급박한 목소리로 말을 꺼냈다.

"큰일났어요! 회사 문을 닫아야 할지도 몰라요!"

"도대체 무슨 말이냐?"

동생은 한숨을 내쉬었다.

"창고에 쌓인 비닐봉지가 모두 눌러 붙고 말았어요. 이미 조사를 요청했는데, 일종의 분자 와해 현상이 일어나는 바람에 봉지들이 서로 밀착되어 단단한 비닐조각으로 변했다고 하더군요. 창고에 쌓인 물건들은 이제 아무 짝에도 쓸모없는 쓰레기래요. 해결 방법이 없어요."

회사 문을 닫아야 할 중대한 사안이 아닐 수 없었다.

거너는 집에 돌아와 가족들에게 상황을 설명했다. 그들은 주님께 기도했다. 기도를 마친 후에 그들은 돌아가며 각자의 마음에 떠오른 주님의 말씀을 나누는 시간을 가졌다. 거너의 아내는 "물로 포도주를 만드시는 하나님이신데 플라스틱쯤이야 무슨 문제가 되겠어요?"라고 했다. 그의 딸은 "이 일은 결코 주님이 허락하신 것이 아니에요. 우리는 단호히 맞서야 해요."라고 했다.

그녀는 '이미 일은 벌어졌는데 어쩌란 말인가?' 하는 생각이 들었다. 바로 그 순간이었다. 갑자기 "너희가 만일 믿음이 한 겨자씨만큼만 있으면 이 산을 명하여 여기서 저기로 옮기라 하여도 옮길 것이요 또 너희가 못할 것이 없으리라"마 17:20 는 말씀이 떠올랐다. 그녀는 주님이 원수 마귀의 역사를 대적할 수 있도록 인도해 주실 것을 확신하고 그분의 기적적인 역사를 기대하게 되었다. 가족들도 모두 주님의 인도를 확신했다. 그러자 모든 염려와 걱정이 사라졌다. 그들은 주일에 공장에 가서 기도하기로 했다.

그러고 나서 그녀는 동생에게 전화를 걸어 골프를 칠 테니 주말을 비워두라고 했다. 동생은 깜짝 놀랐다.

"형, 다 망하게 된 상황에서 어떻게 그런 말을 할 수 있어요?"

그녀는 편안한 목소리로 대답했다.

"더 이상 아무 문제도 없을 것 같구나."

그는 주님이 모든 것을 해결해 주실 것이라는 확신이 들었기 때문에 마음이 매우 평온했다.

주일 오후 그녀는 가족들과 함께 공장에 갔다. 그는 공장 밖에 서서 큰소리로 외쳤다.

"하늘이여 들으라! 땅이여 들으라! 알파팩의 주님이 누구시냐? 바로 예수님이시다. 예수님의 이름으로 명하노니 분자들은 각기 제 위치로 돌아오라!"

그와 그의 가족들은 플라스틱 봉지에 손을 얹고 원상태로 복원되게 해주십사고 기도했다. 기도는 3시간 동안 이어졌다.

다음날 아침 직원들이 플라스틱 봉지를 조사하기 시작했다. 그들은 봉지가 전부 원상태로 복원된 것을 발견했다. 그들은 과학자들을 불러 플라스틱 공장에서 일어난 믿을 수 없는 기적을 검증하게 했다. 마침내 기적의 소문은 온 유럽에 퍼졌고, 하나님이 큰 영광을 받으셨다.

사랑의 기적

나는 거너의 비닐봉지에 관한 이야기를 담은 비디오테이프를 '일터로의 부르심' 일일 워크숍에 참여한 사람들에게 보여주었다. 거너의 간증은 그날 워크숍에 참석했던 도니 갓시에게 깊은 감동을 주었다. 그는 작은 사업체를 운영하는 사람이었다. 나중에 사업이 위기에 처하자 그는 거너의 간증을 기억하고 비슷한 믿음의 행동을 취했다. 그는 내게 편지를 보내 일터에서 일어난 하나님의 기적을 증언했다.

나는 다양한 행사를 촬영하는 비디오 회사를 운영하고 있습니다. 어느 날이었습니다. 편집자가 심각한 문제를 발견했습니다. 그것은 비디오아티스트가 가장 두려워하는 문제였습니다. 구체적으로 말하면, 그 전 주말에 내가 촬영한 비디오테이프가 영상은 영상대로 제멋대로 어그러졌고, 말소리도 거의 녹음되지 않은 상태였습니다. 두 군데 행사를 촬영한 비디오테이프 4개가 완전히 못쓰게 되어 버렸던 것입니다. 고객에게 상황을 설명하고 대금을 돌려준 뒤에 다른 일거리를 찾는 것 외에는 방법이 없었습니다.
그러던 차 거너 올슨이 불가능한 상황에서 기도를 통해 하나님의 도우심을 받았다는 사실이 생각났습니다. 내 상황도 매우 비슷했습니다. 나는 편집자와 가족들을 불러 모으고 하나님께 비디오테이프를 바로 고쳐 주십사고 기도했습니다. 이상하게도 마음이 평온해지면서 하나님이 기도에 응답하셨다는 생각이 들었습니다. 나는 사람들에게 하루만 지나면 하나님이 비디오테이프를 원상태로 회복시켜 주실 것이라고 믿는다고 말했습니다.

편집자는 "저를 놀리시는 건가요? 하나님은 무엇을 고치시는 데 그렇게 많은 시간이 걸리시지 않아요. 지금 테이프를 넣어 보세요!"라고 웃으면서 말했습니다. 나는 비디오테이프를 편집기에 집어넣었습니다. 놀랍게도 테이프의 영상이 뚜렷하게 눈앞에서 펼쳐졌고, 전에 들리지 않았던 말소리가 들려왔습니다. 나는 기쁜 나머지 소리를 지르며 아내를 편집실에 데리고 들어와 기적을 보여주었습니다.

나는 들뜬 마음으로 다른 테이프를 집어넣었습니다. 하지만 여전히 손상된 상태였습니다. 나는 나머지 테이프는 다음날 점검하기로 했습니다. 그런데 그날 밤 늦게 나머지 테이프를 다시 틀어 보라는 하나님의 감동을 느꼈습니다. 나는 그 가운데 하나를 틀어 보았습니다. 테이프는 완벽한 상태로 복원되어 있었습니다. 나는 흥분을 감추지 못했습니다. 하지만 다른 두 개의 테이프는 여전히 손상된 상태 그대로였습니다.

다음날 아침, 큰 기대감을 안고 편집실에 들어갔습니다. 손상된 테이프 하나를 편집기에 집어넣었습니다. 결혼식을 촬영한 테이프였는데, 화면은 여전히 엉망이었고, 말소리도 들리지 않았습니다. 아내가 밖에서 내 기척을 느끼고 안으로 들어와 내 어깨 너머로 테이프의 상태를 살펴보았습니다. 나는 손상된 부분을 놓고 큰소리로 기도했습니다. 그러고 나서 아내에게 하나님이 우리를 사랑하시며, 모든 일을 보살펴 주신다고 말했습니다. 아내도 하나님이 4개의 테이프 가운데 두 개를 고쳐 주셨으니 나머지도 모두 고쳐 주실 것이라고 말했습니다. 그 순간 하나님이 하루 안에 테이프를 고쳐 주시겠다고 하신 말씀이 기억났습니다. 그래서 화면을 보며 계속 기도했습니다.

어렴풋이 신부가 입장하는 모습이 보였지만 화면은 여전히 엉망이었습니다. 그때였습니다. 갑자기 눈앞에서 화면이 또렷해지기 시작했습니다. 주례 목사님이 하나님은 선하시며 우리를 지극히 사랑하신다는 말을 할 때 화면이 정상화되었습니다. 나는 신호파가 제대로 잡히는지 확인하기 위해 테이프를 빠르게 앞으로 돌렸습니다. 정상이었습니다. 나는 몸을 돌려 아내를 바라보았습니다. 아내의 얼굴에는 눈물이 주룩 흘러내렸습니다. 하나님이 아내의 마음에 깊은 감동을 안겨 주시기 위해 그 순간을 준비하신 것이 분명했습니다. 하나님은 기적을 통해 내 사업을 위기에서 건져 주셨을 뿐 아니라, 가족들에게도 큰 영향을 끼치셨습니다.

발명의 기적

조지 워싱턴 카버는 인종 차별이 최고조에 달했던 남북전쟁 말기에 노예로 태어났다. 하지만 그는 모든 역경을 극복하고 미국 역사상 가장 큰 영향력을 지닌 인물 가운데 한 사람이 되었다. 카버는 온갖 시련 속에서도 끝까지 인내하며 농업과 관련된 학위를 여러 개 취득했다.

남부의 농촌 경제는 남북전쟁을 치르면서 완전히 와해되었다. 남부의 농장들은 더 이상 노예를 노동력으로 사용할 수 없게 되었다. 또한 수십년 동안 면화와 담배만을 경작하다 보니 남부 지역의 토양은 그야말로 척박한 박토로 변하고 말았다.

카버는 남부의 농민들에게 토질 개선의 일환으로 면화 대신 땅콩과 고구마를 심으라고 권했다. 그 때문에 그는 혹독한 시련을 겪어야 했다. 땅콩과 고구마를 내다 팔 시장이 미처 형성되지 않은 상황이라, 그 권고를 받아들인 농민들의 소득이 크게 저하되었기 때문이다.

카버는 날마다 주님께 "왜 땅콩을 만드셨습니까?" 하고 부르짖었다. 하나님은 매일 그에게 땅콩을 이용할 수 있는 새로운 방법을 일러주셨다. 그는 땅콩을 원료로 한 300여 개의 제품을 발명했을 뿐 아니라, 콩과 피컨과 고구마를 이용하는 방법을 수백 가지나 생각해 냈다. 그의 기여로 남부의 농촌 경제가 회복되는 기틀이 마련되었다.

카버는 자신의 발명품에 대한 특허를 신청해 돈을 벌려고 하지 않았다. 그는 자신의 발명품을 모든 사람이 자유롭게 사용하도록 했다. 그는 "하나님이 알려주신 것을 어떻게 다른 사람들에게 팔아먹을 수 있겠는가?"라고 말하곤 했다. 그는 헨리 포드를 통해 수십만 달러를 벌 수 있는 기회들을 제공받았고, 또 당시의 대통령들과도 친분이 있었지만, 재물을 모으는 데는 통 관심이 없었다. 그의 비문에는 이렇게 적혀 있다고 한다.

"명예와 재물을 한꺼번에 가질 수 있었지만, 그는 그 어느 것에도 관심이 없었다. 그는 다만 세상을 도울 수 있는 것을 행복과 영광으로 생각했다."[1]

기적적인 보호

보에트 프레토리우스는 짐바브웨에 사는 농부다. 당시 짐바브웨는 심한 몸살을 앓고 있었다. 많은 농부들이 군사정권의 학정 때문에 생명과 농토를 잃었다. 보에트도 그런 운명에 처할 위기에 직면했다.

---

1. John Woodbridge, ed., *More Than Conquerors* (Chicago: Moody, 1992), p. 312.

어느 날 경찰서장과 퇴역군인들이 보에트를 찾아왔다. 그들은 그가 농장에서 민병대를 훈련시키고 있다는 혐의를 들이댔다. 하지만 그의 농장에서 이루어진 훈련은 군사 훈련이 아닌 영성 훈련이었다. 보에트는 농장에서 일꾼들에게 성경을 가르쳤던 것이다. 하지만 죽음의 그림자가 그에게 다가왔다. 누군가가 그에게 숙청 대상에 포함되어 있다는 정보를 알려주었다. 보에트와 그의 가족은 늘 두려움 속에서 지내야 했다. 그들은 종종 이웃집에서 밤을 보내곤 했다.

보에트는 두려움을 없애 주십사고 기도하기 시작했다. 하나님은 그에게 "네가 두려워하는 이유는 너 자신이 죽고 내 안에서 산다고 하면서도 정작 나를 떠나 살고 있기 때문이다. 네가 느끼는 위협은 너라는 개인이 아니라 바로 네 안에 내주하는 그리스도, 곧 그리스도의 몸을 대적하는 것이다."라고 말씀하셨다.

보에트는 두려움에 사로잡힌 자신의 잘못을 뉘우치고 농장으로 돌아갔다. 퇴역군인들이 다시 찾아와서 숙청명부에서 빼주는 조건으로 50만 짐바브웨 달러를 요구했다. 보에트는 농장에서 일꾼들과 함께 기도했다. "빛 가운데로 걸으면 하나님의 보호하심을 받게 될 것이다."라는 음성이 그의 마음에서 들려왔다. 보에트는 돈을 주지 않겠다고 했다. 그러자 퇴역군인들은 그를 납치해 죽이겠다고 위협했다.

하나님은 보에트에게 자아를 죽이고 모든 권리를 포기하라고 가르치셨다. 보에트가 하나님의 뜻에 복종하겠다고 결심하자마자 납치범들에게 복음을 전할 수 있는 기회의 문이 열렸다. 납치범들의 우두머리가 눈물을 흘리며 그에게 성경책을 달라고 했다. 퇴역군인들은 그를 풀어 주었다. 하지만 그의 어려움은 그것으로 끝나지 않았다.

그로부터 며칠 뒤 폭우가 쏟아지던 날, 약 70명의 사람들이 농장으로 침입했다. 농부들은 울타리 안으로 사람들을 들이지 말라는 충고를 귀에 따갑게 들어왔다. 일단 농장에 들어오면 내쫓기가 불가능했기 때문이다. 보에트와 일꾼들은 기도했다. 그들은 농장에 침입한 이들에게 거할 곳과 음식을 제공하라는 주님의 감동을 느꼈다. 보에트는 그들에게 헛간을 내주었다.

다음날 밤, 보에트는 농장에 침입한 사람들에게 '대학생 선교회'에서 제작한 "예수"라는 영화를 보여주었다. 많은 사람들이 그리스도를 영접했다. 다음날 아침 보에트는 일꾼들이 밤새도록 사람들에게 복음을 전하며 기도했던 것을 알게 되었다.

그로부터 며칠 뒤 농장에 들어온 사람들이 보에트를 찾아와 고향으로 돌아가겠다는 의사를 표명했다. 또한 보에트를 초청할 테니 고향 사람들에게도 복음을 전해 달라고 요청했다. 그들은 그의 농장이 예수님의 소유라고 말하면서 보에트와 일꾼들을 해하지 않고 떠나갔다.

하나님은 보에트가 그분의 뜻에 복종하자 기적을 베푸셨다. 보에트의 일꾼들과 그를 해하려고 농장에 침입한 사람들은 그 일을 통해 하나님의 살아 계심을 체험했다.

치유의 기적

래리 아일과 그의 아내 로즈는 미네소타주 미니애폴리스에서 치과를 하고 있다. 그들은 그 일을 주님을 섬기는 통로로 이용하고 있을 뿐 아니라, 보수 교단에 속한 교회에서 기도 사역을 행하고 있다.

어느 주일이었다. 로즈가 기도실에 들어오더니 기도가 필요한 한 남자가 있다고 했다. 그는 휠체어에 앉아 있었다. 래리는 다정하게 인사를 건넨 후 "선생님을 위해 잠시 기도해 드려도 될까요?"라고 물었다.

그 사람은 입을 열더니 간신히 더듬거렸다.

"그, 그, 그, 그래요. 그, 그래 주셨으면 좋겠어요."

래리는 그 사람을 기도실로 인도했다.

래리는 그 사람을 바라보면서 '말더듬이 귀신'을 쫓아 주어야겠다는 강한 확신을 느낄 수 있었다. 교회의 몇몇 여성도들이 그가 어떻게 할지 궁금해 하는 표정으로 상황을 지켜보았다. 치유의 기도는 보수적인 교회에서는 좀처럼 보기 힘든 일이었다. 래리는 "예수님의 이름으로 명하노니, 말더듬이 귀신아! 그 사람에게서 냉큼 나오너라!" 하고 기도했다. 래리는 즉시 마음에 부담을 느꼈다. '아무 일도 일어나지 않으면 어쩌나?' 하는 생각이 들었기 때문이다.

래리가 기도를 마친 뒤에도 그 사람은 여전히 말을 더듬었다. 래리는 다시 한번 "예수님의 이름으로 명하노니, 말더듬이 귀신아! 그 사람에게서 어서 나오너라!" 하고 기도했다. 그리고 잠시 후에 그에게 한 가지 질문을 던졌다. 놀랍게도 그는 더 이상 말을 더듬지 않고 또렷하게 대답했다. 래리와 그 사람은 기적이 일어난 것을 감지했다. 하나님이 치유해 주신 것이었다. 하지만 래리는 무엇인가 더 기도할 것이 있다는 느낌이 들었다. 그래서 한 가지 질문을 했다.

"휠체어 신세를 진 지는 얼마나 되었나요?"

"12살 때부터랍니다." (당시 그의 나이는 53세였다.)

래리는 그에게 걷고 싶으냐고 물었다. 그는 그렇다고 대답했다. 래리는 그의 눈을 똑바로 바라보면서 외쳤다.

"예수님의 이름으로 명하노니, 일어나시오!"

그 사람은 휠체어에서 몸을 일으키려고 애썼다. 그는 양팔을 부들부들 떨면서 몸을 일으켰다. 몸이 휘청거리며 불안정해 보였지만, 그는 마침내 일어섰다. 그는 눈앞의 현실이 믿기지 않는다는 표정을 지었다. 12살 이후로 난생 처음 혼자 힘으로 일어섰기 때문이다.

그 사람은 어린아이처럼 비틀거리며 방안을 걸었다. 놀랍게도 걸음을 떼어놓기 시작한 것이었다. 그는 설교를 들으려고 다른 교회를 방문했다가 하나님의 놀라운 기적을 체험하게 되었다. 하나님은 기적을 구했던 한 사업가의 기도를 통해 그의 인생을 완전히 바꾸어 주셨다.

래리는 그 사람에게 기다렸다가 예배를 드리자고 말하고 그를 예배당 앞자리에 앉혔다. 그 사람은 "괜찮으시다면 서 있어도 될 것 같은 확신이 들어요."라고 했다.

래리는 내 친한 친구다. 그는 최근에 나를 교회로 초청해 한 교회 직원을 소개해 주었다. 바로 그 '기적의 사람'이었다. 나는 전에는 휠체어 신세를 져야 했지만 지금은 걷기도 하고 말도 더듬지 않게 된 그와 즐겁게 인사를 나누었다.

복음 전도의 기적

필리핀에 극적으로 구원받게 된 한 택시기사가 있었다. 그는 교회에서 사회를 변화시킬 수 있는 하나님의 능력이 자기 안에 약동하고 있다는 말을 듣게 되었다. 그 가르침 덕분에 그는 기도와 기적에 관한 성경의 증언을 액면 그대로 믿는 단순한 믿음을 지닐 수 있었다.

그는 동네의 술집을 가장 적합한 선교 현장으로 선택했다. 술집을 찾아간 그는 그곳에서 가장 많은 죄를 지은 죄인을 찾아 복음을 전하기로 마음먹었다. 그는 먼저 바텐더에게 다가갔다. 그는 동성연애자인 데다가 마약중독자였으며, 35명의 창녀를 데리고 있는 포주였기 때문에 복음을 전할 죄인으로 삼기에 가장 적합한 인물이었다. 그는 술집을 정기적으로 찾아 콜라를 마시면서 바텐더와 친분을 쌓았다. 결과적으로 주님은 그를 통해 바텐더를 구원하셨다.

하나님의 능력이 바텐더에게 강력하게 역사했다. 그는 동성연애를 그만두고 변화된 삶을 살기 시작했으며, 창녀들에게 복음을 전했다. 그 결과 35명의 창녀가 모두 기독교인이 되었다. 그들은 술집에 모여 성경공부를 시작했다.

곧 술집 주인이 그들의 변화된 삶을 목격하게 되었고, 그도 역시 구원받았다. 술집은 교회로 바뀌었고, 동네에 열 개의 셀 그룹을 시작했다. 놀라운 기적이었다.[2]

우리가 어떤 상황에 처해 있든지 하나님은 우리 삶에 개입하시기를 원하신다. 하나님은 매순간 우리와 관계를 맺고 싶어하신다. 그리고 때로는 하나님의 놀라운 능력을 베풀고자 하신다. 우리는 어떤 상황에서도 하나님께 기도할 수 있다. 하나님이 해결할 수 없을 정도로 큰 문제도 없고, 또 그분이 무시하실 정도로 작은 문제도 없다.

우리의 일터에서도 얼마든지 기적이 일어날 수 있다.

---

2. Ed Silvoso, *Anointed for Business* (Ventura, CA: Regal Books, 2002), p. 119.

성 · 경 · 공 · 부 · 가 · 이 · 드

1. 마태복음 17:20을 읽어보라. 거너 올슨은 문제가 발생했을 때 어떻게 대처했는가? 성령님의 인도를 따른 행동과 어림짐작으로 행하는 주제넘은 행동의 차이점은 무엇인가?

2. 조지 워싱턴 카버는 위대한 발명가였다. 그는 유용한 것들을 발명할 수 있었던 힘이 어디에서 비롯했다고 말하는가?

3. 이 장에 소개된 사례들을 볼 때, 기적을 체험하는 데 공통적으로 필요한 조건은 무엇인가?

4. 믿음과 모험의 차이는 무엇인가?

5. 본인의 삶에 어떤 변화가 있어야만 일터에서 기적을 체험할 수 있을까?

6. 출애굽기 4:17을 읽어보라. 본인의 '지팡이'를 통해 일어나기를 원하는 기적이 있다면 무엇인가?

Chapter 13
도시의 변화

"내게 주신 영광을 내가 저희에게 주었사오니 이는 우리가 하나가 된 것같이 저희도 하나가 되게 하려 함이니이다 곧 내가 저희 안에, 아버지께서 내 안에 계셔"(요 17:22-23).

예수 그리스도의 복음으로 도시 전체를 변화시킬 수 있을까? 결코 이룰 수 없는 비현실적인 목표라고 생각되는가? 앨리스테어 피트리가 '국제 일터 사역 운동 연합회 지도자 회의'에서 보고한 바에 따르면, 전세계에서 무려 200개나 되는 도시가 변화를 경험하고 있다고 한다. 피트리는 이들 도시의 시민들과 관공서와 사업체에서 상당한 변화가 일어나고 있다고 말했다.

『웹스터사전』은 변화를 "철저하거나 급진적인 변화를 통한 회심, 즉 마음과 본성과 성향이 바뀌는 것"[1]이라고 정의했다. 도시의 변화는

---

1. *Merriam-Webster's Dictionary*, s.v. "transformation."

"나라이 임하옵시며 뜻이 하늘에서 이룬 것같이 땅에서도 이루어지이다"마 6:10라는 예수님의 기도에 대한 응답이다. 그것은 하나님 나라가 땅에서 이루어진 것을 의미한다. 그러면 변화된 도시는 과연 어떤 모습일까? 한마디로 변화된 도시란 영적 부흥이나 각성이 일어나 범죄율이 줄어들고 경제적으로도 크게 안정된 도시를 말한다.

직장의 리더 : 도시 변화의 주역

성경에 나오는 변화된 도시의 대표적인 예는 바로 사마리아의 수가다. 한 사마리아 여인이 우물가에서 예수님을 만났다. 요한복음 4:7-26에 따르면, 예수님은 그 여인에게 남편이 다섯이나 있었다는 사실을 한눈에 간파하셨다. 그녀는 예수님의 통찰력에 놀라 그분을 믿게 되었다. 나아가 그녀는 새로 발견한 믿음을 동네 사람들에게 바로 전했고, 그 결과 "그 동네의 많은 사마리아인이 예수를 믿는" 역사가 일어났다 요 4:39.

도시가 변화되려면 무엇보다도 도시의 문을 활짝 열고 예수님을 맞아들여야 한다. 수가에서도 그랬고, 변화가 일어나고 있는 오늘날의 도시들에서도 그와 같은 일이 일어나고 있다.

예를 들어, 우간다의 캄팔라가 바로 그런 도시 가운데 하나다. 한때 우간다 인구의 33.3%가 에이즈 환자였다. 세계보건기구는 2000년이 되면 과부와 고아들만 남게 될 것이기 때문에 우간다 국가 경제가 완전히 와해될 것이라고 전망했다. 우간다 국민은 주님의 도우심을 구하며 기도했다. 그러면 과연 어떤 결과가 나타났을까?

도시의 새 지도자들이 예수님을 그들의 도시로 맞아들여 친히 다스려 주시기를 구했다. 기독교인들이 독재자 이디 아민을 축출했다. (그는 1970년대에 폭정을 휘두르며 수만 명을 처형하고 국가를 무질서와 가난으로 몰아넣었다.) 오늘날에는 의회에서도 기도하고, 경찰도 재판관에게 기도 제목을 팩스로 전송하는가 하면, 한 은행은 모든 지점에서 찬양을 틀고 있다. 일부 도시에서는 범죄율이 70%나 격감했고, 에이즈 환자도 5%대로 줄어들었다.[2]

또 하나의 중요한 단계는 도시 전체가 죄를 뉘우쳐야 한다는 점이다. 예수님은 마을에 들어가 기적을 행하셨다. 하지만 대부분의 마을은 죄를 회개하지 않았다. 예수님은 그 모습을 보시고 분노하셨다. 마태복음 11:20을 보면 "예수께서 권능을 가장 많이 베푸신 고을들이 회개치 아니하므로 그때에 책망하셨다"고 한다.

직장의 리더들은 도시의 변화에 매우 중요한 역할을 한다. 왜냐하면 변화를 주도할 수 있는 위치에 있기 때문이다. 피터 와그너 박사는 내가 저술한 『일터 변화시키기 운동』의 서문에서 이렇게 말했다.

우리는 오랫동안 도시의 변화를 간구해 왔다. 우리는 기도했고, 목회자 기도회를 개최했으며, 기도하는 마음으로 거리를 걸어 다녔다. 하지만 미국의 도시 가운데 변화가 일어난 도시는 아직 단 한 곳도 없다. 그 이유는 무엇일까? 나는 마침내 그 이유를 발견했다. 그것은 바로 목회자와 교회 지도자들이 도시 지도자로 나서지 못하기 때문이다. 변화는 마땅히

---

2. Jackson Senyonga, "Revival the Hard Way," *Christianity Today*. http://www.christianitytoday.com/tc/2003/006/5.22.html (accessed April 2005).

도시의 지도자에게서부터 시작되어야 한다. 오늘날에는 사업가와 정부 관리가 도시 지도자의 역할을 담당하고 있다. 따라서 교회가 이들을 무장시켜 직장의 사도로 내보내지 않으면 예수 그리스도를 통해 도시가 변화되는 역사는 결코 일어나지 못할 것이다.[3]

도위 슈팡겐베르크와 그의 아내 이세벨은 '아프리카의 변화'라고 불리는 국제적 기도 운동을 주관하고 있다. 그는 크리스천 기업인 오찬 모임에서 "기업인이 직접적으로 도시의 변화에 앞장서지 않는다면 그것은 도시를 강탈하는 행위나 마찬가지다. 그런 사람은 그 도시를 떠나야 한다."고 일갈했다. 다소 극단적으로 들리는 말이지만, 사업가가 사업을 이윤 추구의 행위로만 보지 말고 하나님이 사업체를 맡기신 이유를 헤아려 도시 안에 하나님 나라를 세우는 데 중심 역할을 해야 한다는 슈팡겐베르크의 의도를 엿볼 수 있다.

요즘의 문제는 직장 내의 사도들을 찾아보기 어렵다는 점이다. 사실 당사자들조차도 자신이 직장 내의 사도인지를 인식하지 못하는 것이 보통이다. 직장 내의 신자들은 자신들의 직업을 소명으로 간주하지 않을 뿐더러, 자신들의 일과 직업이 복음 전도 수단이 될 수 있다는 점을 깨닫지 못한다. 그런 이유로 그들은 일터와 도시의 변화를 이끄는 주체가 되기보다는, 하나님의 사역을 뒤에서 물질로 후원하는 소극적인 입장을 취할 때가 많다. 하지만 일터에서 직접 하나님의 도구로 쓰임을 받는다면 더욱 놀라운 역사가 일어날 수 있다.

---

3. C. Peter Wagner, quoted in Os Hillman, *The Faith@Work Movement: What Every Pastor and Church Leader Should Know* (Atlanta, GA: Aslan Group Publishing, 2004), foreword.

대표적인 예로 제레마이어 랜피어를 들 수 있다. 그는 1800년대 중반에 뉴욕에서 활동했던 사업가다. 단순한 기도와 자원하는 마음과 복종의 행위가 미국의 도시를 변화시키는 역사를 일구어냈다. 그에 관한 이야기를 살펴보자.

뉴욕의 작은 교회의 어둡고 구석진 골방 안에서 한 남자가 기도하고 있었다. "주님, 제가 무엇을 하기를 원하십니까?"라는 **단순한 기도**였지만, 그 안에는 능히 세상을 뒤흔들 만한 의미가 담겨 있었다. 중년에 접어든 그에게는 아내도, 자식도 없었지만 경제적 수단이 있었다. 소위 '성공 신드롬'이 당대의 사업가들과 금융업자들을 휩쓸고 있었지만, 그는 그런 풍조를 단호히 거부했다. 하나님은 그를 통해 뉴욕의 기업계를 완전히 뒤집어 놓으셨다. 그는 1857년 9월 23일, 기업인 기도 모임을 시작했다. 기도 모임의 출발은 더뎠지만, 몇 달이 지나자 도시 전역에서 20개의 정오 기도 모임이 소집되기에 이르렀다. 『뉴욕 트리뷴』과 『뉴욕 헤럴드』가 영적 부흥에 관한 기사를 보도했다. 이러한 움직임은 곧 도시의 가장 큰 화제로 떠올랐다. 도시 전체에 영적 부흥이 크게 일어났고, 뉴욕을 벗어나 다른 도시들까지 그 영향 아래 놓였다.

1858년 봄에는 시카고 시립극장에서 날마다 2,000명이 모였고, 필라델피아에서는 모임들이 활성화되더니 급기야 넉 달에 이르는 천막집회로 이어졌다. 그밖에도 볼티모어, 워싱턴, 신시내티, 시카고, 뉴올리언스, 모빌에서도 집회가 개최되었다. 한 사람이 앞장서자, 수천명이 모여서 기도했다. 하나님은 한 사람을 통해 놀라운 역사를 일으키셨다.[4]

---

4. John Woodbridge, ed., *More than Conquerors: Portraits of Believers from All Walks of Life* (Chicago, IL: Moody Press, 1992), p. 337.

한 개척자의 교훈

'하비스트 복음전도회' 설립자이자 의장인 에드 실보소를 언급하지 않고서는 도시의 변화를 주제로 한 글을 쓰기 어렵다. 그는 이 주제에 관한 한 독보적 권위를 지닌 개척자이다. 그의 책 『나의 도시, 하나님의 도시』, 『기도 전도』, 『사업을 위한 기름 부으심』은 반드시 읽어보아야 할 중요한 저서다.

에드는 2002년 일터가 도시의 변화에 매우 중요한 역할을 한다는 사실을 깨닫고 일터 변화시키기 운동에 적극 참여하기 시작했다. 그는 도시의 영적 분위기가 바뀌기 위해서는 4가지가 필요하다는 사실을 발견했다.

1. 잃어버린 이들에게 평화를 전하기. 축복의 말은 편견 없는 관계를 맺을 수 있는 기회를 제공한다.
2. 잃어버린 이들과 교제하기. 교제는 신뢰를 형성함으로써 이웃들이 속사정을 털어놓게 해준다.
3. 잃어버린 이들의 필요에 관심을 기울이기. 기도를 통해 그들의 필요를 하나님께 아뢴다.
4. 복음 선포하기. 이웃을 위해 중보기도를 할 때 하나님은 구체적인 방법을 통해 그들을 가까이 부르신다.[5]

에드 실보소의 사역은 1990년에 아르헨티나의 레시스텐시아에서 시작된 이후로 줄곧 괄목할 만한 업적을 이루어 왔다. 당시 인구 40만

---

5. Ed Silvoso, *My City, God's City* (San Jose, CA: Harvest Evangelism, inc., 2000), p. 7.

이었던 그 도시에는 모두 70개의 교회가 있었고, 신자들은 5,100명에 불과했다(그 가운데 68개 교회는 한 교회가 분열되는 바람에 생겨났다). 도시의 영적 분위기는 마치 공동묘지를 방불케 했다. 하지만 지금은 신자가 10만 명 정도며, 도시를 중심으로 한 인근 지역을 모두 합치면 그 숫자가 무려 22만 명에 이른다. 그곳은 현재 아르헨티나 내에서 가장 복음화가 잘된 지역으로 부상했다.

실보소는 아르헨티나의 관공서와 기업체에서 일어난 획기적인 변화를 많이 소개한다. 2004년 가을 그는 매년 해오던 대로 기업인들과 중보기도자들을 대동하고 아르헨티나를 방문했다. 방문 도중에 한 정당을 맡고 있는 의장이 주님을 영접하고 예수님을 정당의 최고 지도자로 인정했다. 또한 미국의 메이요 의료원에 해당한다고 볼 수 있는 아르헨티나 종합병원의 경영진 모두가 주님을 영접했고, 미국의 도널드 트럼프 부부에 버금가는 아르헨티나의 부부가 주님을 영접하고 예수님을 회사의 CEO로 모시는 역사가 일어났다.[6]

실보소는 일터(그는 일터를 '시장'이라고 부른다.)를 도시 복음화의 전초기지로 간주한다.

도시의 심장은 교회가 아니다. 예배당 건물은 더더구나 아니다. 교회는 도시의 등불이지만, 도시의 심장은 시장에 있다. 도시는 그곳을 대표하는 주요 회사들의 고층빌딩이 만들어내는 스카이라인에 의해 알려지곤 한다. 따라서 도시 복음화를 이루려면 기업들의 복음화가 반드시 선행되어야 한다.

---

6. 2004 Year-End Report, Harvest Evangelism newsletter, p. 1.

유럽 최초의 회심자는 값비싼 의복을 만드는 여성 사업가였다행 16:14-15. 그 사건 뒤에는 곧바로 장터에서 점치는 귀신 들린 노예 소녀를 고쳐 준 사건이 일어났다행 16:16-21. 누가는 사도행전에서 귀신 축출과 질병 치유의 역사가 일어난 사례를 모두 22회 기록했다. 그것들 가운데 하나만 빼고 나머지는 모두 일상에서의 우연한 만남을 통해 이루어졌다. 다시 말해 사건의 대부분이 시장에서 이루어졌던 셈이다. 이들 사건은 도시와 인근 지역에 큰 영향을 미쳤다.

도시가 변화되려면 먼저 시장이 변화되어야 한다. 시장은 도시 복음화를 위한 싸움터다. 이미 시장에는 소위 '평신도'라고 불리는 군대가 존재한다. 그들을 무장시켜 헌신하게 해야 한다. 그들이 기업체를 운영하는 경영주든 아니면 고용된 일반 직원이든 시장을 변화시키는 데 있어서는 성직자들보다 훨씬 더 유리한 고지에 있다.

시장에 있는 기독교인들은 이미 잃어버린 이들에게 복음을 전할 사명을 받았다. 하지만 대개는 그 사명을 의식하지 않고 있다. 이는 교회에서 평신도를 성직자의 지배를 받는 하급계층으로 전락시켰기 때문이다.[7]

도시 복음화에 필요한 요소

도시 복음화에 필요한 요소는 4가지, 즉 기도, 겸손, 하나 됨, 하나님의 뜻을 아는 지식이다. 이 4가지 요소를 간략하게 살펴보자.

기도

도시를 변화시키려면 먼저 신자들이 도시를 위해 기도해야 한다. 기

---

7. Ed Silvoso, *Prayer Evangelism* (Ventura, CA: Regal Books, 2000), p. 208.

도는 도시의 영적 분위기를 변화시킨다. 교회와 도시, 법률, 정치, 교육, 대중매체, 오락산업 등에 기도의 초점이 모아져야 한다. 하나님은 "내 이름으로 일컫는 내 백성이 그 악한 길에서 떠나 스스로 겸비하고 기도하여 내 얼굴을 구하면 내가 하늘에서 듣고 그 죄를 사하고 그 땅을 고칠지라"대하 7:14고 하셨다. 기업인들은 중보기도자들과 전략적으로 손을 잡고 도시의 영적 분위기를 쇄신하는 데 앞장서야 한다.

겸손

하나님은 스스로의 영광을 구하지 않고 서로의 도움이 필요하다는 점을 기꺼이 인정하는 사람들을 사용하신다. 시편 저자는 "온유한 자를 공의로 지도하심이여 온유한 자에게 그 도를 가르치시리로다"시 25:9라고 했다. 오늘날 하나님이 사용하시는 기업인들은 결코 인기에 연연하지 않는다. 하나님 나라의 관점을 지닌 그들은 오직 도시 복음화에만 관심을 기울일 뿐, 자신들이나 조직의 위상을 높이려 하지 않는다.

하나 됨

예수님은 "저희로 온전함을 이루어 하나가 되게 하려 함은 아버지께서 나를 보내신 것과 또 나를 사랑하심같이 저희도 사랑하신 것을 세상으로 알게 하려 함이로소이다"요 17:23라고 기도하셨다. 하나님은 각 개인과 집단을 부르셔서 세상에 그리스도를 전하게 하신다. 하지만 우리의 독자적인 태도와 자존심과 이기심 때문에 그리스도의 목적을 이루는 데 하나가 되지 못할 때가 많다. 우리는 교회와의 협력 아래 사회 곳곳에서 도시 복음화를 위해 노력해야 한다. 소매를 걷어붙이고 함께 협력할 때 각계 각층의 평신도와 교회를 이끄는 성직자들이 한마음이 될 수 있다. 시장과 교회는 서로 하나가 되어 도시를 이롭게 할 수 있는 실질적인 방법들을 실천해 나가야 한다.

하나님의 뜻을 아는 지식

시장에 있는 평신도 가운데는 신앙의 열정이 뜨거운 이들이 적지 않다. 하지만 하나님의 뜻을 아는 지식에 근거를 둔 믿음보다는 어림짐작으로 행동하는 경우가 많다. 다윗의 경우를 예로 들 수 있다.

그는 언약궤를 예루살렘으로 옮기고 싶었다. 그는 언약궤를 예루살렘으로 옮기면서 뜨거운 열정으로 하나님을 찬양했다. 하지만 율법대로 언약궤를 장대에 매어 사람의 힘으로 운반하지 않고 수레에 실어 운반하는 잘못을 범했다. 웃사라는 사람이 소들이 놀라 뛰는 바람에 수레가 흔들리자 손으로 언약궤가 떨어지지 않도록 붙잡았다. 그는 그 자리에서 하나님의 심판을 받아 즉사하고 말았다.

"저희가 나곤의 타작마당에 이르러서는 소들이 뛰므로 웃사가 손을 들어 하나님의 궤를 붙들었더니 여호와 하나님이 웃사의 잘못함을 인하여 진노하사 저를 그곳에서 치시니 저가 거기 하나님의 궤 곁에서 죽으니라"삼하 6:6-7.

다윗은 크게 당황하지 않을 수 없었다.

평신도는 반드시 성직자들과 연계해 도시 복음화를 추구해야 한다. 그렇지 않으면 다윗처럼 어림짐작으로 주제넘은 짓을 하기 쉽다. "내가 증거하노니 저희가 하나님께 열심이 있으나 지식을 좇은 것이 아니라"롬 10:2는 바울의 말을 잊지 말자.

도시 복음화의 삼위일체

괜찮다면 '도시 복음화의 삼위일체'라는 말을 사용하고 싶다. 도시의 영적 분위기를 쇄신하려면 세 그룹의 사람이 필요하다. 첫째는 도시를 위해 기도할 수 있는 중보기도자들이고, 둘째는 도시를 위한 뚜렷한 비전을 지닌 교회 지도자들이며, 셋째는 시장의 지도자들, 특히 직장 내의 사도들이다. 이들은 정부기관, 사업체, 교육기관에서 영향력을 발휘해 도시 복음화에 앞장서도록 부르심을 받았다.

2003년 나는 하나님의 감동 아래 기업인들과 사역단체들의 힘을 결집해 애틀랜타를 변화시키겠다는 목표를 세웠다. 우리는 2004년 4월에 '빌리 그레이엄 전도협회' Billy Graham Evangelistic Association와 손을 잡고 직장인 선교집회를 개최했다. 하지만 집회로만 그쳤을 뿐 더 이상의 발전은 이루어지지 않았다.

나는 계속해서 일터 사역을 목표로 하는 사역단체들과 접촉을 시도했다. 하지만 이렇다 할 조짐이 보이지 않았다. 또 중보기도자들을 확보하기 위해 노력했지만 그것도 뜻과 같지 않았다. 그러다가 마침내 앨리스터 피트리를 알게 되었다. 나는 2004년 10월에 개최된 한 국제 모임에 그를 강사로 초빙했다. 앨리스터는 도시 복음화 연구 분야의 탁월한 권위자였다. 내가 실망스런 속사정을 털어놓자, 그는 "재키 타이어를 만나보셔야 할 것 같군요. 그녀가 중보기도자 역할을 해줄 수 있을 겁니다."라고 했다. 나는 재키를 만났다. 그러자 곧 상황이 변하기 시작했다. 나는 애틀랜타의 교회 지도자들과 접촉을 시도했다.

그로부터 얼마 지나지 않은 2005년 2월에 '아프리카의 변화와 전세계 기도의 날'의 설립자 그레이엄 파워가 애틀랜타를 방문하고 싶다는 전갈을 보내 왔다. 그는 '전세계 기도의 날'의 비전을 널리 알릴 수 있도록 집회를 주선해 달라고 요청했다. 사실 그 당시만 해도 애틀랜타 사람들은 집회에 전혀 관심을 보이지 않았다. 하지만 막상 집회 당일이 되자 약 100명의 지도자가 집회에 참석해 그레이엄의 강연을 들었고, 모임이 끝난 뒤에는 애틀랜타 '전세계 기도의 날'을 대대적으로 개최하자는 데 의견이 모아졌다. 일이 빠르게 진척되기 시작했다. 한 달도 채 못 되어 125,000달러가 모금되었고, 2만명을 수용할 수 있는 장소가 마련되었으며, 강한 결속이 다져지기 시작했다.

그런 역사가 일어난 이유는 이들 세 부류의 사람들(중보기도자, 교회 지도자, 평신도 기업인)이 일치된 노력을 기울였기 때문이다.

도시 사역 연합회의 발흥

도시 사역 연합회가 미국 내 대도시는 물론 국외 도시들 가운데 빠르게 형성되고 있다. 기업인, 목회자, 비영리 직장사역 단체장 및 중보기도자가 이들 연합회에 참석하고 있다. 이 네 부류의 사람들이 힘을 결집할 경우, 강력한 리더십을 무기로 내세워 도시 복음화를 이끌어낼 수 있다. 하지만 문제의 관건은 이들 지도자들 사이에 진정한 단합이 이루어져야 한다는 것이다.

캔자스시티에서 사업체를 운영하고 있는 릭 박스는 그와 같은 성격의 연합회 구성이 절실히 필요하다고 생각한다.

"요한복음 17장을 효과적으로 실천에 옮길 수 있는 연합회를 구성하라는 주님의 감동을 느낀다. 나는 캔자스시티에 영향력을 행사하고 있는 여러 사역단체장들과 기업인들이 단합하여 일하는 모습을 보고 싶은 마음에서 몇몇 사람과 접촉해 1차 모임을 계획했다. 우리는 정기적인 모임을 시작하기로 합의하고, 하나님이 우리의 모임을 통해 어떤 역사를 일으키실 것인지 확인해 보기로 했다."

 석찬을 겸한 그들의 연합모임에는 600명 이상이 참석했다. 그들은 현재 캔자스시티를 변화시키기 위해 하나님의 비전을 구하고 있다. 이와 비슷한 연합회가 애틀랜타, 조지아, 롤리, 노스캐롤라이나, 오스틴, 텍사스, 스파턴버그, 사우스캐롤라이나, 샌마커스, 캘리포니아, 시카고, 일리노이, 미니애폴리스, 미네소타, 캘리포니아 샌프란시스코베이를 비롯해 여러 도시에서 속속 형성되고 있다.

 성경은 모든 족속을 제자로 삼으라고 명령한다. 한 민족을 복음화하려면 먼저 도시와 그 안에 살고 있는 사람들을 복음화해야 한다. 나는 하나님이 모든 족속을 복음화하시기 위해 각 도시에 흩어져 살고 있는 그분의 백성들을 움직이기 시작하셨다고 믿는다.

성 · 경 · 공 · 부 · 가 · 이 · 드

1. 요한복음 4:7-25, 39을 읽어보라. 예수님의 말씀은 우물가의 여인을 깜짝 놀라게 했다. 그 결과 그녀는 어떻게 행동했는가?

2. 피터 와그너는 "미국의 도시 가운데 변화가 일어난 도시는 아직 단 하나도 없다."고 했다. 그는 어떤 근거에서 그런 말을 했는가?

3. 에드 실보소가 말한 도시의 변화에 필요한 4가지 조건이 무엇인지 말해 보라.

4. 도시의 변화에는 그 외에도 또 다른 4가지 조건이 필요하다. 무엇인지 13장에서 찾아 설명하라.

5. 고린도후서 7:14과 시편 25:9을 읽어보라. 하나님이 변화의 도구로 사용하시는 사람이 갖추어야 할 조건은 무엇인가?

6. 요한복음 17:21을 읽어보라. 예수님을 영접하려면 무엇이 필요한가?

Chapter 14
민족 복음화

"네가 자기 사업에 근실한 사람을 보았느냐 이러한 사람은 왕 앞에 설 것이요 천한 자 앞에 서지 아니하리라"(잠 22:29).

    ICCC 집회가 막 시작될 즈음이었다. 실내에는 75개국에서 온 400여 명의 기업인이 앉아 있었다. 예배가 끝난 후 한 남자가 일어서더니, 미국의 기독교인들에게 대통령을 위해 기도하라고 충고했다(그의 충고는 거의 책망에 가까웠다). 당시 미국은 어려운 시기였다. 빌 클린턴 대통령은 대다수의 미국인들에게 그다지 존경을 받지 못하고 있었다.
    대통령을 위해 기도하라고 충고했던 사람은 베닌이라는 아프리카의 작은 나라에서 온 로메인 잔누 목사였다. 로메인에게는 그런 충고를 해도 될 만한 자격이 충분했다.
    수년 전, 그는 마르크스주의를 신봉하는 독재자 케레쿠 대통령을 위해 기도하라는 하나님의 감동을 느꼈다. 그는 그 후 10년 동안 하루에

2시간씩 케레쿠에게 구원을 베푸시고, 국가를 이끌 지혜를 허락해 주십사고 기도했다. 어느 날 기도하는 중에 로메인의 마음속에서 대통령에게 메시지를 전하라는 주님의 음성이 들려왔다. 그는 바로 케레쿠를 찾아가 주님의 말씀을 전했다.

소비에트 연방이 해체된 후 케레쿠는 자유선거를 치르기로 결정했다. 그는 선거에서 패배했다. 케레쿠는 로메인과 선거가 끝난 뒤에 성경공부에 매진하겠다고 약속했지만, 몇 차례의 만남을 끝으로 더 이상 만나려고 하지 않았다. 로메인은 거의 매일 케레쿠를 찾아갔다. 하지만 번번이 케레쿠가 만나고 싶어하지 않는다는 대답을 들어야 했다. 그는 날마다 "그럼, 기다리죠."라고 한 뒤, 케레쿠가 문을 열어주기를 바라는 마음으로 몇 시간 동안 담장 밖에 서 있었다.

그렇게 일년 반이 지났다. 전임 대통령 케레쿠는 마침내 그를 집안으로 들이며 "잔누 목사님, 참으로 인내심이 많으신 분이군요."라고 말했다. 그들은 성경을 깊이 공부하기 시작했다. 때로는 6시간씩 성경을 공부할 때도 있었다. 결국 전임 대통령 케레쿠는 성경공부를 통해 그리스도를 영접했다.

1997년 남아프리카에서 '세계 복음화 국제회의'가 개최되었을 때의 일이다. 당시 모임에는 직장 내에서 그리스도의 전도 명령을 이루겠다는 목적의식을 지닌 세계 각국의 기업인 600명이 참석했다. 대통령에 재당선된 케레쿠는 그들 앞에서 행한 강연에서 베닌을 기독교 국가로 만들고 싶다는 비전을 제시하며 도움을 요청했다. 그 후로 몇몇 사람들이 베닌을 위해 여러 가지 일을 행하고 있다.

로메인 잔누는 예수님을 향한 뜨거운 열정을 지니고 일터에서 주어진 소명을 다함으로써 국가를 변화시키는 데 앞장서고 있는 이름 없는 지도자들 가운데 한 사람이다. 그들 가운데는 목회자, 꽃가게 주인, 건축가, 산업가, 전임 프로골퍼나 등이 포함되어 있다.

이 장의 목적은 민족 복음화에 앞장서는 하나님의 사람들과 국가를 변화시키는 하나님의 놀라운 능력을 몇 가지 사례를 통해 살펴보는 데 있다. 바라건대 본장의 내용이 원대한 비전을 가질 수 있는 계기가 되었으면 싶다.

원대한 비전

남아프리카공화국 케이프타운, 2000년 7월의 어느 날 새벽 4시였다. 그레이엄 파워라는 사업가가 하나님께 세 가지 비전을 받고 잠에서 깨어났다.

첫 번째 비전은, 케이프타운에 있는 45,000석 규모의 럭비 경기장을 임대해 집회를 열고 회개의 날을 선포한 뒤 도시를 위해 기도하라는 것이었다.

두 번째 비전은, 기도 운동이 남아프리카 전역으로 퍼져나가 국가적인 기도의 날이 시작되는 것이었다.

마지막으로 세 번째 비전은, 기도 운동이 아프리카 대륙 전체로 확산되는 것이었다.

그레이엄은 꿈에서 본 비전을 실천에 옮겼다. 2001년 3월 21일 럭비 경기장에 사람들이 가득 모여 회개하며 기도했다. 그 후 얼마 안 있어 그 도시에서 가장 악명 높은 범죄자가 구원받는 역사가 일어났다. 집회의 소문은 신속히 퍼져나갔다. 2002년에는 남아프리카공화국의 여덟 개 도시가 기도집회를 개최했다. 전국 각처에서 온 젊은이들이 블룸폰테인에서부터 기도집회가 개최될 예정인 여덟 개의 경기장을 향해 '희망의 행진'이라는 걷기 운동을 벌였다. 이들 행사는 텔레비전으로 전국에 방송되었다.

그 후 2004년 5월에는 아프리카 전역의 53개국과 5개 섬에 거주하는 아프리카인들이 수백 군데의 경기장에 모여 연합 기도회를 가졌다. 참석인원은 대략 2천 내지 3천만 명에 달했다. 이 일이 있은 후 전세계 7개 대륙에서 국제 기도의 날이 개최되었다. 아프리카 대륙 전역에서 헤아릴 수 없이 많은 변화들이 일어났다. 이 놀라운 역사는 한 사람의 사업가가 비전에 순종했던 결과였다.

이스라엘의 사례

2002년 ICCC는 이스라엘에서 개최된 기업인들의 모임을 공동 주최했다. 이스라엘의 기업인들과 40개국이 넘는 나라에서 온 450명의 기업인들이 이스라엘 민족이 도움을 가장 절실히 필요로 하는 때에 그들을 돕자는 목적으로 자리를 같이했다. 당시는 이스라엘이 웨스트 뱅크와 가자 지구를 점령한 데 대해 불만을 품은 팔레스타인 주민들이 무장봉기를 일으킨 지 8년째 되는 날이었다. 기독교인들의 노력에 깊은 감명을 받은 이스라엘 지도자들은 ICCC를 초청해 예루살렘에 지부를 결성토록 요청했다. 이들은 지금도 여러 가지 협력 프로젝트를 공동으로 추진함으로써 여전히 관계를 발전시켜 나가고 있다.

카이로에 있는 '이집트 기업인 협의회'도 이스라엘의 성공을 목격하고, ICCC에 똑같은 일을 요청했다. ICCC는 2005년 2월 카이로에 국제협회를 설립하고 사업 박람회와 기업체 연결 작업 등을 실시함으로써 이집트 내에서 무역, 수출, 투자를 증진하는 한편 중소기업의 발전을 독려했다. 비록 텔레비전 뉴스에서 대대적으로 다뤄진 바는 없지만, 이는 기독교 단체와 모슬렘 국가의 제휴가 이루어진 전례 없는 사건이었다.

중국의 사례 : 교육제도의 변화

"당신도 사업을 시작할 수 있다"는 ICCC가 개발해 1999년 이후부터 중국에 보급해 온 비디오 시리즈다. 중국이 시장경제를 향해 나아갈 즈음, 중국 정부는 그 분야에서 젊은이들을 지도해 줄 누군가를 찾고 있었다. IBM과 마이크로소프트사가 기안서를 제출했지만 거절당했다. 그 대신 중국정부는 ICCC에 훈련을 요청했다. 예상 밖의 일이었다. 어떤 이유에서였을까? 그 대답은 "도덕성을 결여한 자본주의는 효과적일 수 없다. 우리는 시장경제의 원리를 가르칠 수 있는 능력과 도덕성을 겸비한 사람이 필요하다."는 중국 정부의 말에서 찾을 수 있다.

ICCC는 중국정부에 자신들은 기독교 단체이며, 교육과정은 성경에 기초한다는 점을 분명히 밝혔다. 중국 정부는 "예수님, 하나님, 성경과 같은 용어를 사용하지 않고, '기록되었으되'라고만 한다면" 얼마든지 괜찮다고 했다. 교육 프로젝트는 가동되었고, 그 과정에서 "지혜자가 말하기를……" "기록되었으되"와 같은 표현들을 통해 많은 성경 구절이 인용되었다.

ICCC의 교육 프로그램은 2억 5천만 중국인의 가정에 방송으로 여러 차례 중계되었다. 정부 지도자들은 서류상으로 볼 때, 프로그램이 방송된 이후 40,000개가 넘는 사업체가 신설되었다고 했다. 그것은 대학 체제 아래서 정부의 승인 하에 이루어진 유일한 교육 프로그램이었다. 오늘날 그 과정을 이수한 졸업자들과 사업체 소유자들은 "도대체 이 놀라운 가르침이 어디에서 나온 것인가요?"라고 묻고 있다.

비디오 시리즈의 공동저자이자 ICCC 의장인 데일 닐은 하나님이 그들의 교육 프로그램을 통해 장차 중국에서 놀라운 영적 결실을 거두게 될 기초를 놓으신 기적의 사례들을 소개한다. 현재 이 비디오 시리즈는 많은 나라의 언어로 번역되어 세계적으로 사용되고 있다.

스와질란드의 사례

낸 저비스도 하나님의 소명을 의식하고 일터 사역 운동에 앞장선 사람 가운데 한 명이다. 그녀는 아프리카 남부에 위치한 인구 백만의 스와질란드로 이주했다. 그곳은 에이즈 환자가 많기로 유명한 곳이다. 통계에 따르면, 인구의 절반 이상이 에이즈 감염자라고 한다. 하나님은 남아프리카의 농장에서 태어난 그녀를 스와질란드로 이주시켜 그곳의 변화를 위한 통로로 사용하셨다.

낸은 아홉 자녀를 둔 가정에서 태어났다. 낸의 아버지는 그녀와 그녀의 쌍둥이 자매가 채 네 살이 되기도 전에 스스로 목숨을 끊었다(당시에 그녀의 어머니는 임신 중이었다). 그녀는 삼촌들에게 성폭행을 당했으며, 남편에게도 육체적으로 학대를 받았고, 스물넷의 나이에 고아나 다름없는 신세가 되었다. 낸이 그리스도를 알게 된 것은 그 무렵이었다. 그녀는 3년 동안의 결혼생활을 청산하고 아들 리처드와 함께 스와질란드로 이주했다.

스와질란드는 왕이 통치하는 군주제이며, 지금도 여전히 부족 단위의 삶이 이루어지고 있다. 낸은 꽃가게를 열었는데, 우연히 왕의 다섯 아내(나중에는 일곱으로 늘어났다.)에게 꽃을 배달하게 되었다. 그녀가 첫 번째 꽃을 준비할 때에 마음에서 꽃을 직접 배달하라는 성령의 음성이 들려왔다. 배달 직원이 따로 있었지만, 낸은 복종하는 마음으로 직접 꽃을 배달했다.

그 단 한번의 복종으로, 일반 가정과 병원과 학교와 관공서와 의회와 심지어는 왕궁에까지 들어가 복음의 증인으로서 말씀을 전하고, 사람들을 위해 기도하며, 하나님의 능력을 통해 사람들의 삶이 변화되고 치유되는 역사를 목격할 수 있는 수많은 기회가 주어졌다. 스와질란드는 일처다부제, 부도덕한 성윤리를 비롯해 조상 때부터 내려온 조상숭배와 마술과 같은 부족의 전통을 고집하는 사회였기 때문에 사역이 매우 어려운 상황이었다.

시간이 흐르면서 낸은 왕의 아내들과 친분을 쌓기 시작했다. 그들 중 한 명이 마침내 주님을 영접하고 성령의 능력을 체험했다. 그 후 몇 년간 그 왕비의 삶은 획기적으로 변했다. 그녀는 자신의 영향력을 이용해 기독교 신앙을 전파하는 데 앞장섰다. 그녀는 법학사 학위를 취득한 후 현재는 법정에서 일하며 석사학위를 준비하고 있다(이전 같았으면 왕비의 신분으로 결코 이룰 수 없는 일이었다). 아울러 그녀는 스와질란드에 복음성가를 보급하는 한편, 스스로 성가대를 조직해 운영하고 있다 (성가대의 명칭은 '구원'이다).

지금은 왕과 왕비의 모친은 물론 다른 왕비들과 정부 지도자들도 예수 그리스도를 주님으로 섬기고 있다. 낸은 왕족들과 친밀한 관계를 유지하고 있으며, 국가를 긍정적으로 변화시키려고 노력하는 그들의 뒤에서 중보기도로 후원하고 있다. 스와질란드는 여러 면에서 상황이 열악할 뿐 아니라, 정신적, 사회적, 경제적 생존을 위해 심한 몸살을 앓고 있다. 한때 보건사회부 장관은 에이즈 퇴치를 위해 국가 기도회를 개최하고 회개의 기도를 올리자고 요청하기도 했다.

낸은 스와질란드 국민과도 깊은 관계를 맺었다. 그녀는 ICCC를 비롯한 여러 국제단체를 통해 스와질란드의 농업 혁신이 이루어지는 데 다리 역할을 했다. 예수님은 그녀에게 "내 양을 먹이고 내 양떼를 돌보라."고 말씀하셨다. 그녀는 기도했고, 하나님이 비를 내려 양식을 주시는 것을 목격했다. 하나님은 그녀에게 스와질란드가 '곡창지대'로 변해 자국민은 물론 타국민들까지 먹여 살릴 것이라고 말씀하셨다.

낸은 현재 의료사업에 종사하고 있다. 그녀는 일터에서 하나님의 많은 기적을 목격한다. 낸의 삶은 하나님이 한 사람의 상한 심령을 치유하셔서 한 민족을 변화시키는 도구로 사용하시는 과정을 보여주는 대표적인 사례다.

태국의 사례

로스 브리지먼은 오스트레일리아 사업가로 태국에서 개최된 사업

관련 세미나에 참석했다. 세미나에 참석하는 동안 그는 잠시 휴식을 취할 생각으로 거리를 이리저리 걸어 다녔다. 그의 눈에 음식을 구걸하는 한 어린 소년의 모습이 들어왔다. 거리에는 로스 외에 아무도 없었다. 그 소년은 그를 자기 어머니에게 데리고 갔다. 그녀는 아들이 자랑스럽다는 듯이 말했다.

"내 아들이 이틀에 한번씩 음식을 가져다 주지요."

조금 뒤에는 다른 여성이 로스에게 다가오더니, 두 아이를 25달러에 팔겠으니 사라고 했다. 가난의 현장을 목격한 로스는 마음이 착잡했다. 그밖에도 그는 태국에 있는 동안에 자칫 어린 딸을 질병의 희생물로 내어줄 뻔한 위기를 겪기도 했다. 그는 그런 경험들을 통해 삶의 우선 순위를 다시 생각하게 되었다.

로스가 오스트레일리아로 돌아오려고 공항에 앉아 있는데, 한 남자가 다가와 인사를 건넸다. 로스는 태국 어린아이들의 열악한 상황을 그에게 설명했다. 그러자 상대방 남자는 "선생님보다 불행한 사람들을 도와주려면 돈이 있어야 합니다."라는 잊지 못할 대답을 들려주었다. 그 말이 로스에게 더욱 깊게 와 닿았던 이유는, 그 말을 한 사람이 바로 마이크로소프트사의 설립자 빌 게이츠였기 때문이다.

집에 돌아온 로스는 가난한 태국 어린아이들의 모습을 마음에서 지울 수 없었다. 그는 그들을 도와줄 방도를 생각하기 시작했다. 그는 한 세미나에서 다른 기업인들에게 태국 어린아이들의 어려운 처지를 설명하고, 그들을 위해 무엇인가를 하자고 제안했다. 참석자들은 8만 달러를 기부했고, 그는 태국으로 돌아가 그곳 어린아이들의 환경을 개선하는 일에 착수했다.

태국을 다시 찾은 로스는 방문 기간 중에 고아들을 지속적으로 도울 수 있는 기금을 마련하는 한편, 현지인들의 사업을 도울 수 있는 멋진 아이디어를 생각해냈다.

로스가 매일 호텔에서 나올 때면 '뚝뚝' 바퀴가 셋 달린 오토바이 택시 운전사들이 달려왔다. 치앙마이는 비교적 작은 도시였는데, 약 1000명의 뚝뚝 운전사들이 있었기 때문에 경쟁이 극도로 치열할 수밖에 없었다. 어느 날, 그는 영어를 약간 할 줄 아는 한 운전사와 친해졌고, 그를 통해 사업에 관한 이야기를 들을 수 있었다. 로스는 더 많은 수입을 올릴 수 있는 간단한 마케팅 방법을 알고 싶으냐고 물었고, 그는 그러고 싶다고 했다. 로스는 아무 대가 없이 사업 방법을 가르쳐 줄 테니 수입 중 가분의 10%를 고아들을 돕는 기금으로 헌납할 수 있느냐고 물었다. 그는 기꺼이 그렇게 하겠다고 했다. 그로부터 몇 주만에 그의 수입은 다섯 배나 증가했고, 약속한 액수를 고아를 돕는 기금으로 헌납했.

현재 그와 동일한 방법을 통해 태국과 인도와 중국 등지에서 5백명이 넘는 고아들이 혜택을 보고 있다.

도시의 희망

데니스 도일과 메건 도일은 미네소타에서 가장 큰 상가 부동산 회사를 경영하고 있는 헌신적인 기독교인이다. 그들은 상품과 음식물이 창고에 남아도는 회사가 많은 것을 보고 그것들로 가난한 사람들을 도왔으면 하는 생각을 갖게 되었다. 그들은 회사들의 협조를 구해 미니애폴리스 지역은 물론 국내와 해외에서 활동하고 있는 사역단체에 남는 물건을 보내기 시작했다. 그 가운데 '도시의 희망'이라는 이름의 한 사역단체는 2003년에 1억 달러 이상의 물품을 나누어주는 놀라운 업적을 달성했다. 지난 3년 동안 무려 3억 달러 이상의 물품이 이 사역단체를 통해 배포되었다.

'도시의 희망'은 다른 네 개의 기독교 사역단체와 손잡고 커다란 배에 의료용품을 가득 실어 한 공산권 국가에 보내는 일을 하고 있다. 그들 사역단체의 대표자들은 국제연합에서 그 나라의 대사를 방문해 저녁식사를 함께 하면서 친분을 쌓았다. 대사는 자기 나라를 돕고자 애쓰는 기독교 사역단체들의 단합된 모습에 큰 감명을 받았다. '도시의 희망'에서 일하는 브렌다 킬버를 통해 나머지 이야기를 들어보기로 하자.

그로부터 일주일이 채 못 되어, 대사가 동부 해안에 있는 우리의 동역자에게 편지를 보내 왔다는 소식을 들었다. 대사는 편지에서 우리와 함께 있는 동안 서로 다른 기독교 사역단체에 속한 사람들이 친밀하게 우정을 나누며 서로 협조하는 모습에서 전에 느껴보지 못한 큰 감명을 받았다고 했다. 그는 서로의 삶을 공유하며 사랑을 나누는 우리의 모습을 보고 예수 그리스도를 믿는 신앙의 진실성을 알게 되었고, 본인도 예수 그리스도를 구주로 영접하기로 결심했다고 말했다. 또한 그는 자기 나라의 통치자에게 미국의 기독교인들이 자국의 시민들을 자유롭게 도울 수 있도록 강력히 천거할 생각이라고 했다.

우연히도 그의 사촌이 막 그 나라의 대통령이 되었을 때였다. 그의 증언은 우리의 사명을 다시 한번 크게 일깨워주었다. 우리는 매일 사역을 행할 때마다 세계가 우리를 지켜보고 있다는 점을 기억해야 할 필요가 있다. 세계는 우리가 하는 말보다 우리가 하는 행동, 즉 다른 사람들과 어떤 관계를 맺고 또 어떻게 서로 협력해서 사역을 해나가는지에 더 큰 관심을 가진다. 사람들은 우리가 서로 협력하는 모습을 보고 그리스도에게서 비롯하는 사랑과 **단합**된 정신을 알게 될 것이다.

우크라이나의 사례

베르트홀트 베커는 대학교에 다니던 1971년에 사회주의 운동가에서 예수 그리스도의 제자로 변신했다. 그는 대학을 졸업한 후 직업 활동을 통해 하나님의 소명을 이루는 것이 무슨 의미인지를 알고 싶었다. 그는 그런 마음으로 1986년까지 자동차 회사에서 일하면서 하나님과 동행하는 법을 배웠다. 베르트홀트는 하나님의 도우심에 힘입어 큰 성공을 거둔 자동차를 여러 대 설계했다. 그는 종종 자국의 자동차 사업가들 사이에서 '선지자'로 통한다.

그의 아내 바버라는 그를 개인적으로 돕는 기도 후원자다. 베르트홀트는 자동차 사업을 그만 두고 아내와 함께 하나님 나라를 건설하는 일에 본격적으로 뛰어들었다. 그가 행한 사역 가운데 하나가 우크라이나에서 시작한 'GfS' Gesellschaft fur Strukturentwicklung였다. 베르트홀트는 각종 훈련 프로그램과 컨설팅 작업 및 연합 벤처사업을 주도하면서 우크라이나 회사 창업을 도왔다.

그는 우크라이나를 방문하면서 그곳에 양질의 빵이 부족한 것을 알고 문제 해결에 앞장서기로 결심했다. 그는 스위스 군대로부터 자동 제빵기계를 구입해 빵을 만드는 작은 사업을 시작했다. 독일 정부와 우크라이나 정부는 곧 베르트홀트가 전문적인 사업 지식으로 우크라이나에 많은 도움을 주고 있다는 사실을 목격하고, 그에게 "우리가 하는 것보다 당신이 훨씬 더 잘할 것 같군요."라고 했다. 그들은 그에게 사업자금을 마련해 주었고, 그는 동료들과 함께 운영의 책임을 맡게 되었다.

오늘날 그가 벌인 사업은(빵과 육류와 유제품을 만드는 훈련 센터와 기술 이전) 우크라이나 사업체와 서로 관계를 맺고 연합 벤처사업으로 발전하게 되었으며, 식품 산업에서 큰 성공을 거두고 있다.

지금까지의 이야기들을 통해 우리는 오늘날 하나님이 새로운 유형의 기독교 기업인들을 일으켜 세우고 계신다는 것을 분명히 알 수 있다. 모든 민족을 제자로 삼으라는 하나님의 명령은 기독교인 누구에게나 해당한다. 따라서 누구든지 하나님의 도구가 되어 민족 복음화에 기여할 수 있다. 하나님이 여러분을 사용하기를 원하신다면 언제든지 순종할 준비가 되어 있는지 묻고 싶다.

성·경·공·부·가·이·드

1. 잠언 22:29을 읽어보라. 자신의 일에 충실한 사람은 왕과 어떤 관계를 맺는가?

2. 그레이엄 파워는 꿈을 통해 하나님의 음성을 듣고 어떤 일을 했는가? 대다수의 기독교인이 하나님의 도구로 쓰임 받지 못하는 이유는 무엇인가?

3. 로스 브리지먼의 이야기는 소규모 사업가들의 문제와 사회 문제에 대해 어떤 해결책을 제시했는가?

4. 중국 정부는 ICCC의 훈련프로그램을 통해 국민들에게 새로운 시장경제를 가르침으로써 문제를 해결했다. ICCC는 전에 한번도 그런 프로젝트를 실시한 바가 없지만, 중국 정부의 요구에 효과적으로 부응함으로써 긍정적인 영향을 미쳤다. 이런 사실이 주는 교훈은 무엇인가?

5. 베르트홀트 베커는 우크라이나의 국민을 돕기 위해 제빵사업을 시작했다. 우크라이나 정부가 그를 후원해 더 많은 제빵회사를 설립하게 했던 이유는 무엇일까? 이런 사실이 주는 교훈은 무엇인가?

6. 본인의 직업 활동을 통해 불우한 사람들을 도울 수 있는 방법을 생각해 보자.

맺는글
지팡이의 능력

오전 6시 30분, CEO 조너선 쿠퍼는 캘리포니아 산 마르코에 있는 자신의 테크놀로지 회사로 차를 몰았다. 오전에 회사 간부회의가 예정되어 있었다. 창립한 지 6년이 된 그의 회사는 테크놀로지 산업에서 선두를 차지했고, 몇 개의 제품이 상을 받으면서 신뢰도가 크게 향상되었다. 그의 회사는 양질의 제품 생산과 탁월한 고객 서비스로 업계에서 유명세를 누리고 있다.

조너선은 콧노래를 부르며 차를 몰았다. 그의 모습은 겉에서만 보면 아침 일찍 출근길에 올라 나란히 도로를 달리고 있는 여느 사람들과 조금도 다르지 않았다. 하지만 자세히 들여다보면 그가 다른 사람들과 다르다는 점을 알 수 있다. 먼저 그의 옆자리에 있는 서류가방 위에는 목자의 지팡이가 놓여 있다.

그렇다. 이 지팡이는 언뜻 보면 눈에 띄지 않는다. 하지만 조너선은 차를 몰고 출근하면서 지팡이를 의식한다. 1장에서 나는 지팡이의 의미를 설명한 바 있다. 지팡이는 하나님이 부여하신 소명을 상징한다. 우리는 지팡이로 각자의 일터에서 영향력을 행사할 수 있다.

굳이 CEO가 되어야만 지팡이의 능력을 발휘할 수 있는 것은 아니다. 일하는 사람이면 누구나 지팡이를 갖고 있다. 학생들과 가정주부와 군인들도 예외가 아니다. 행정업무 보조자이든지, 가게 점원이든지 아니면 공무원이든지 상관없다. 혹시 건물 관리인으로 일하면서 점심시간에 잠시 본서를 읽고 있을 수도 있다. 그밖에도 회사 중역이나 자영업자, 또는 마취사나 낙농업자라도 괜찮다. 이제 조너선을 통해 '일터의 지팡이'가 어떤 능력을 발휘하는지 알아보자. 여기에는 그의 지팡이는 물론 그가 고용한 직원들의 지팡이도 포함된다.

조너선은 이미 집에 마련된 집무실에서 1시간 반 동안 기도와 성경 공부 시간을 가졌다. 자동차로 약 40분을 달려 사무실에 도착한 그는, 즉시 '예배와 싸움의 방'으로 들어간다. 그곳에는 회의 탁자는 물론 안락한 의자와 소파가 마련되어 있다. 중역회의실이라기보다는 마치 거실과 같은 분위기가 느껴진다. 이곳에서 매일 아침 직원들이 모여 예배를 드리고 기도를 한다. 기도 제목은 개인적인 관심사에서부터 회사를 위한 새로운 아이디어 및 하나님의 관점에서 회사를 경영할 수 있는 지혜를 구하는 문제까지 매우 다양하다. 그들은 고객과 원료 공급자는 물론, 심지어 경쟁회사를 위해서까지 기도한다.

조너선은 자신의 사업을 하나님 나라 사업이라고 일컫는다. 오늘 아침에도 15명 내지 25명의 직원이 모일 텐데, 그들도 역시 그와 같은 생각을 갖고 있기는 마찬가지다. 그가 방에 들어서자 하이테크 사운드 시스템에서 울려 퍼지는 음악이 그를 맞이한다. 이미 몇 사람이 먼저 도착해서 무릎을 꿇고 기도를 드리거나 찬송을 부르며 하나님을 경배하는 중이다.

조너선은 조용히 입을 열었다.

"형제 자매들이여, 제품 개발팀을 위해서 함께 기도합시다. 그들은 '포켓폰'이라는 새 제품 개발을 위해 하나님의 인도하심을 구하고 있습니다. 그것은 1달러 지폐 반 만한 크기의 하이테크 장치로서, 사람들이 이동 중에 편리하게 의사 소통을 할 수 있는 핸즈프리 제품입니다. 다시 말해 간편하게 옷에 부착할 수 있는 무선 마이크로폰이죠. 성공한다면 휴대폰의 대체상품이 될 수 있을 것입니다. 프로젝트 담당자가 두 달 전 오전 6시 30분 기도 모임에서 제품 개발을 위한 아이디어를 생각했습니다. 몇몇 중보기도자들은 하나님이 휴대폰 산업에 일대 혁신을 가져다 줄 새 제품을 우리 회사에 허락해 주실 것 같은 감동을 느낀다고 합니다."

시간은 이제 오전 8시가 되었다. 곧 직원 모임이 시작될 예정이다. 조너선은 다른 사람들과 회의실 탁자 앞에 앉았다. 그의 왼편에는 전에 IT 책임자로 일했던 제니가 앉아 있다. 그녀는 지금 IT 작업에 종사하기보다 회사를 위한 기도에 더 많은 시간을 할애한다. 조너선은 그녀의 재능과 지혜로운 조언에 힘입어 회사가 힘들었던 과도기를 극복했던 사실을 기억한다. 그녀는 회사를 위해 중보기도를 하는 동안 종종 그에게 찾아와 마음에 떠오른 생각을 전하곤 한다. 그녀는 그가 고심 중인 여러 가지 결정을 매듭 짓는 데 많은 도움을 제공해 왔다. 특히 그때마다 회사의 존망이 걸린 상황과 결부된 경우가 많았다.

제니가 회사의 귀중한 자산이라는 점을 의식한 조너선은 그녀에게 '회사의 중보기도 책임자'라는 새로운 직함을 마련해 주었다. 그녀는 회사의 중보기도자들을 지휘하는 책임자로서, 대부분의 시간을 회사와 직원과 고객과 다른 기업체와 도시 전체를 위한 중보기도에 할애하고 있다. 돈을 받고 기도하는 것은 정통 기독교 신앙에 위배되는 것이 아니냐는 질문을 들을 때마다 조너선은 이렇게 대답한다.

"회사의 중보기도 책임자에게 급여를 주는 것은 지금까지의 투자 중에 가장 훌륭한 투자입니다. 주님은 제니를 통해 사업을 그르칠 수 있는 관계에 관해 경고의 메시지를 주셨습니다. 일전에 다른 회사와 사업상의 협력관계를 위해 협상을 벌인 적이 있었습니다. 제니는 협상에 대해 아무것도 아는 바가 없었는데도 그 회사가 협상해 온 내용과 실제 사정이 다르다는 점을 경고해 주었죠. 우리는 즉시 협상을 철회했고, 그 결과 시간과 재정을 절약할 수 있었습니다. 나는 제니가 지난 2년 동안 수십만 달러의 회사 경비를 절약할 수 있게 해주었다고 생각합니다.

한 가지 점을 분명히 해두고 싶습니다. 우리는 중보기도자들을 선견자로 생각하지 않습니다. 그들은 점을 치는 점술사들이 아닙니다. 다만 기도의 소명을 받아 하나님의 음성을 들을 수 있을 만큼 그분과 친밀한 관계를 맺고 있는 사람들일 뿐이죠. 물론 그들의 기도만으로는 충분하지 않습니다. 나 자신도 개인적으로 기도하며, 매 시간은 아니더라도 최소한 하루하루 하나님의 인도를 구해야 할 책임이 있습니다.

내가 그런 책임을 성실히 수행할 때 모든 일이 다 잘됩니다. 나는 중보기도자들의 조언을 통해 내가 이미 주님의 인도하심이라고 느끼는 문제에 대해 재차 확신을 얻곤 합니다."

이제 경영진에 속한 다른 사람들을 만나보기로 하자. 제니 외에도 그날 아침 회의실에는 모두 일곱 명이 앉아 있었다. 그들은 '411 위원회'라는 이름으로 불린다. 몇 년 전 조너선이 다니는 교회에서 에베소서 4:11을 근거로 5가지 직임을 가르친 적이 있었다. 목사는 그 직임들을 교회는 물론 일터에도 적용할 수 있다면서 조너선에게 이들 5가지 직임을 대표하는 경영진을 구성하라고 권고했다. 조너선은 회사에서 사도, 선지자, 목사, 교사, 복음전도자의 직임을 대표하는 사람들을 물색하기 시작했다.

조너선은 회사의 사장인 자신이 사도의 직임을 대표할 수 있다고 생각했다. 처음에는 자신이 사도라는 생각이 생소하게만 느껴졌다. 하지만 성경을 좀더 연구해 보니, '사도'는 단지 '보내심을 받은 자'를 의미할 뿐이었다. 사도는 많은 점에서 뚜렷한 비전 아래 창업을 시도하는 기업인과 닮은꼴이었다. 초대 교회의 사도들이 교회의 기초를 닦았듯이 기업인도 사업의 새 터전을 일군다. 그는 자신에게 그런 소질을 있다는 사실을 알게 되었다.

한편 조너선은 회사의 재정담당 수석이사가 선지자의 자질을 갖추고 있다는 사실을 발견했다. 왜냐하면 그가 다른 사람들에게 주의해야 할 사항들을 사전에 경고하는 경우가 종종 있었기 때문이다. 재정담당 수석이사 본인은 한번도 자신을 그런 식으로 생각해 본 적이 없었지만, 조너선은 이미 그가 선지자의 직임을 수행하고 있다는 점을 지적하면서 선지자의 직임에 관해 좀더 깊이 연구해 보라고 권고했다. 그는 선지자의 직임이 다양한 형태로 나타날 수 있다는 점, 즉 선지자의 '직임'과 예언의 '은사'가 있으며, 또 성경이 모두에게 예언을 하라고 권고하고 있다는 사실을 깨닫기에 이르렀다. 재정담당 수석이사가 선지자의 직임을 원활히 수행하기 시작하자, 조너선의 사도적 직임이 완벽하게 보완되었다.

복음전도자의 직임을 지닌 사람을 찾는 데는 그리 많은 시간이 걸리지 않았다. 조너선은 회사의 영업책임자인 빌에게서 그 가능성을 발견했다. 빌은 주님이 기회의 문을 열어 주셔서 누군가에게 복음을 전할 수 있었다는 말을 종종 꺼내곤 했다. 그는 회사의 그 누구보다도 더 많은 사람을 그리스도에게 인도했다. 복음을 전하는 일이 그에게는 쉬워 보였다. 사실 복음전도자는 세일즈맨과 일맥상통하는 면이 없지 않았다. 조너선이 회사 내에서 복음을 전하기 위해 노력할 때마다 빌이 항상 앞장을 서거나 그 중심에 있었다.

재니스는 마케팅 책임자다. 그녀가 일하는 모습을 지켜본 조너선은 그녀가 교사의 직임을 담당할 수 있으리라는 생각이 들었다. 그녀는 정보를 전달하는 능력이 뛰어났을 뿐 아니라, 문제의 핵심을 파헤치는 탁월한 능력이 있었다. 그녀는 파워포인트에 정통했다. 그녀는 회사나 제품을 소개하는 회의석상에서 늘 회사의 이미지를 좋아 보이게 했다. 또한 그녀는 꼼꼼하기 이를 데 없는 완벽주의자였다. 그녀는 회사와 교회에서 성경공부를 인도하는 역할을 하고 있고, 직원들에게 직장 생활의 생리와 문화를 가르치곤 한다. 사람들은 모두 그녀의 전문성을 인정한다. 교사로서 갖추어야 할 모든 자질을 갖추고 있는 셈이었다.

그녀는 회사의 마케팅 전략과 직원 훈련에 대한 책임을 맡아 일하면서, 그녀가 지닌 '지팡이'의 능력을 마음껏 발휘할 수 있었다.

제럴드는 회사의 인사담당 책임자다. 그는 성공한 공학기사였던 아버지의 뒤를 이어 공학 학위를 취득했다. 그 후 공학기사로 몇 년 동안 일하다가 해고되고 말았다. 제럴드는 교회에서 조너선을 만났을 당시에는 돛대 없는 배와 같은 신세였다. 조너선은 제럴드의 이야기에 귀를 기울였다. 제럴드는 실직 상태에 있는 교인들과 함께 일했던 일들을 언급했다. 그는 그런 사람들에게 각별한 애정을 기울이며 종종 용기를 북돋아 주었던 것 같았다.

조너선은 제럴드에게 회사의 인적자원부에서 실시하는 영적 직임 테스트를 받아보라고 제안했다. 그가 예상했던 대로 제럴드의 테스트 결과는 목회자로 나타났다. 제럴드는 사람들을 사랑했고, 각 사람에게 제 역할을 찾아주는 일을 좋아했다. 현재 제럴드는 회사의 직원들을 적재적소에 배치하는 한편, 직원들의 성공적인 업무 수행을 돕고 있다. 한마디로 회사와 직원들을 목양하고 있는 셈이다.

이처럼 조너선의 하이테크 회사에는 5가지 직임이 각자 제 역할을 담당하고 있다. 조너선은 회사가 하는 모든 일에 견실한 영적 기반이 갖추어졌다고 믿는다. 그는 자신의 회사가 그가 알고 있는 대다수의 교회보다 더욱 원활하게 운영되고 있다고 자신한다.

조너선은 교회의 담임목회자와 그가 이끄는 일터 사역 운동을 신뢰한다. 그는 담임목회자의 일터 사역을 통해 자신의 소명을 올바로 이해하고 일터에 새로운 패러다임을 정착시켜 나갈 수 있었다. 그는 날마다 메일을 통해 교회가 보내주는 '경건의 시간' 자료를 받는다. 그

자료에는 일터에 믿음을 접목시키라고 독려하는 내용이 실려 있다. 심지어는 일터에서 일하는 사람들이 읽고 참고할 수 있는 정보를 게재한 교회 웹사이트도 가동 중이다.

조너선은 자기 교회의 목회자가 진보적이라고 생각한다. 사실 그는 자기 교회 외에 그런 사역을 행하는 교회가 있다는 소문을 들어본 적이 없다. 조너선의 교회에는 주일마다 일터에서 하나님의 역사를 체험한 이야기들을 간증하는 시간이 마련되어 있다. 조너선은 교회에서 성경의 교훈을 일터의 상황에 적용하는 방법을 배운다. 아울러 그는 교회 지도자들과 모임을 갖고 그들이 하나님 말씀을 일터의 상황에 적용하는 방법을 이해할 수 있게 도움을 주고 있다. 그의 교회에서는 일터에서 믿음을 실천하는 방법을 보여주는 연극이 공연되기도 한다. 그의 교회는 도시를 변화시키는 일에 앞장서고 있을 뿐 아니라, 지역 교회 연합회에 속해 다른 교회와 협력 관계를 유지하고 있다.

이제 다시 회의실로 돌아가 보자. 오늘 아침 회의실에는 다른 두 사람이 탁자 앞에 앉아 있다. 그 가운데 한 사람은 선적책임을 맡고 있는 짐이다. 그는 그 일 외에도 회사를 위해 또 하나의 매우 색다른 업무를 맡고 있다.

조너선은 일전에 일터 사역 관련 모임에 참석한 적이 있었다. 당시 강사는 기업인들이 도시 변화에 앞장서야 한다고 강조하는 한편, 일터 사역 운동 단체들의 활동이 미미한 상태에서 목회자와 교회의 힘만으로는 그런 역사를 일으킬 수 없다고 했다. 조너선은 이 문제를 놓고 기도하기 시작했고, 강사의 권고를 마음에 간직했다. 그는 목회자들과 일터 사역 운동 단체와 중보기도자들이 산 마르코를 변화시키겠다는 비전 아래 정기 모임을 가져야 한다는 말을 듣고 동참을 결심했다.

조너선은 모임에 참석해 도시의 변화를 꿈꾸는 목회자들의 열정에 찬 목소리에 조용히 귀를 기울였다. 그후 그는 그들과 친분을 쌓기 시작했다. 때로 조너선의 도움이 필요한 문제가 발생했다. 대개는 재정적 도움이 아니라 기술적인 문제에 대한 그의 노하우가 필요했다. 시간이 지나면서 그런 상황이 점점 더 많아졌다. 목회자들은 조너선의 도움이 단순한 재정적 후원에 그치지 않는다는 사실을 알게 되었다.

조너선은 목회자들의 친구요, 동지가 되었다. 목회자들은 특히 그의 섬기려는 태도를 반겼다. 조너선도 목회자가 어려운 직업이며, 종종 좋은 일을 해놓고도 고맙다는 말조차 듣지 못할 때가 많다는 사실을 알게 되었다. 특히 교회에서 너무 많은 역할을 요구받다 보니 그들의 리더십을 십분 발휘할 수 없다는 점을 인식하게 되었다.

시간이 흐르면서 조너선은 모임에서 기업인을 대표하는 역할을 담당하게 되었다. 그는 회사 수익의 일부를 도시를 변화시키는 사역에 기부하기로 결심했다. 바로 이때 회사의 선적책임을 맡고 있는 짐이 연루되었다. 조너선은 그에게 근로시간의 일부를 회사 내 신앙운동에 할애하도록 했다. 그렇게 해서 짐은 회사의 변화를 주도하는 책임자로 발탁되었다.

조너선의 회사가 현재 계획하고 있는 가장 큰 행사는 대규모의 기도 집회이다. 짐이 그 일에 핵심 역할을 담당하고 있다. 조너선의 회사는 시경기장을 임대해 도시의 모든 교회와 일터 사역 운동 단체가 함께 모여 기도하는 일일 집회를 열기로 결정했다. 그 과정에서 목회자들은 점차 일터 사역 운동 단체들은 물론 기독교 기업인들과도 한마음 한 뜻이 되어 가고 있다. 이 일은 조너선이 그 동안 회사를 통해 해온 일 가운데 가장 큰 흥분과 기대를 불러일으키는 일로 자리잡았다.

마지막으로 오늘 아침 탁자 앞에 앉아 있는 '411 위원회'의 마지막 멤버는 도시 구호활동을 맡고 있는 그웬이다. 몇 년 전 조너선은 성경에서 예수님이 어려운 처지에 있는 사람들을 외면하지 않으시고 무한하신 사랑으로 그들의 필요를 채워 주셨다는 말씀을 읽었다. 조너선은 산 마르코에도 심각한 문제가 도사리고 있다는 것을 알게 되었다. 집 없는 사람들이 많았고, 기초생활도 제대로 영위하지 못하는 사람들도 적지 않았다.

처음에 조너선은 막연히 다른 기독교 사역단체들이 그런 사람들을 돌볼 것이라고만 생각했다. 하지만 어느 날 멋진 아이디어가 떠올랐다. 그는 주요 제조업체들이 재고나 손상된 제품을 어떻게 처리하는지 궁금했다. 몇 군데 전화를 걸어 보았더니, 그냥 쓰레기로 내버린다고 했다. 믿기 어려운 일이었지만 사실이었다. 그는 그런 상품을 산 마르코의 가난한 사람들을 위해 사용하고 싶었다. 그는 회사들로부터 재고나 손상된 제품을 건네받아 도시 선교단체에 기증할 수 있는 방법을 찾기로 결정했다.

당시만 해도 조너선은 그것이 '도시 구호활동 부서'를 설립하게 될 계기가 될 줄은 전혀 예상하지 못했다. 현재 그 부서가 설립된 지 3년이 흘렀다. '도시 구호활동 부서'는 지금까지 도시 선교단체를 통해 1억 달러 어치의 상품을 나누어주었다. 심지어 이들은 멀리 이라크를 비롯해 형편이 열악한 해외 지역에까지 상품을 전달하고 있다. 현재 그웬은 '도시 구호활동 부서' 책임자라는 직책 외에도 조너선의 회사를 위해 기도하는 핵심 중보기도자 가운데 한 사람으로 일하고 있다.

이제 시간은 오후 6시다. 조너선은 하루 일과를 마치고 집으로 퇴근 중이다. 한때 그는 저녁시간에 맞춰 집에 들어가지 못할 때가 많았다. 슬하에 어린 두 자녀를 두고 있었지만, 아이들은 아빠 얼굴을 좀처럼 보기 어려웠다. 하지만 지금은 아무리 늦어도 6시 30분까지는 귀가가 이루어진다. 가족들이 보기에도 상당한 변화였다.

사실 그것은 조너선의 삶에 일어난 획기적인 변화였다. 그는 오로지 성공만을 향해 달렸다. 그 바람에 가족은 거의 돌아보지 못했다. 어느 날 그의 친구가 충고했다.

"조너선, 너는 참 멋진 친구야. 회사를 위해 많은 일을 했어. 자네는 성공했네. 하지만 가정을 너무 등한시했어. 계속 이런 식으로 살다가는 어느 날 가족들이 반란을 일으킬 걸세. 아이들은 그릇된 곳에서 사랑을 구하고, 아내도 결국 자네를 떠나고 말 거란 말일세."

정곡을 찌른 친구의 충고는 사실이었다. 그는 아내와 자녀들이 점차 자신에게서 멀어지고 있음을 깨달았다. 그는 헌신적인 기독교인이었지만, 다른 무엇보다 사업의 성공을 중요시했던 것이다.

조너선은 일중독에 빠지게 된 원인을 찾기 위해 도움을 요청하기 시작했다. 그는 어린 시절 아버지가 사망했을 때 보험회사에서 보상을 받지 못하면서 불안한 심리상태에 빠지게 되었다. 그의 어머니는 종종 식구들을 먹여 살리는 데 필요한 돈이 부족하다는 푸념을 늘어놓았다. 조너선은 다시는 가난하게 살지 않겠다고 다짐하며 자랐다. 하지만 그는 마침내 대물림되는 마음의 장벽을 극복하기 위해 교회의 프로그램에 참여하기로 결심했다. 결국 그는 두려움에서 벗어났고, 일하는 습관도 변화되기 시작했다.

이제 조너선의 삶은 과거와 크게 달라졌고, 그의 회사도 하나님 나라의 전초기지로 변했다. 그는 앞으로 어떤 일이 있을지 알지 못하지만, 미래를 주관하시는 분을 분명히 알고 있다. 그는 예수님의 동역자로 일한다는 자부심을 느낀다.

위의 이야기는 본서에서 소개한 많은 사람의 삶을 현실적으로 재구성한 것이다. 우리는 이 이야기를 통해 일과 생활, 특히 직업 활동에서 예수님의 임재와 능력을 경험할 때 각자에게 주어진 지팡이의 능력이 어떻게 발휘될 수 있는지 분명하게 알 수 있다. 하나님이 우리를 부르신 목적은 그분과 친밀하고 역동적인 관계를 맺게 하시기 위해서다. 하나님은 우리를 도구로 삼아 삶과 일터와 민족을 변화시키기를 원하신다.

자, 시작할 준비가 되었는가?

사명선언문

너희가 흠이 없고 순전하여……세상에서 그들 가운데 빛들로
나타내며 생명의 말씀을 밝혀 _ 빌 2:15–16

1. 생명을 담겠습니다
만드는 책에 주님 주신 생명을 담겠습니다.
그 책으로 복음을 선포하겠습니다.

2. 말씀을 밝히겠습니다
생명의 근본은 말씀입니다.
말씀을 밝혀 성도와 교회의 성장을 돕겠습니다.

3. 빛이 되겠습니다
시대와 영혼의 어두움을 밝혀 주님 앞으로 이끄는
빛이 되는 책을 만들겠습니다.

4. 순전히 행하겠습니다
책을 만들고 전하는 일과 경영하는 일에 부끄러움이 없는
정직함으로 행하겠습니다.

5. 끝까지 전파하겠습니다
모든 사람에게, 땅 끝까지, 주님 오시는 그날까지
복음을 전하는 사명을 다하겠습니다.

서점 안내

광화문점	서울시 종로구 새문안로 69 구세군회관 1층 02)737-2288 / 02)737-4623(F)
강남점	서울시 서초구 신반포로 177 반포쇼핑타운 3동 2층 02)595-1211 / 02)595-3549(F)
구로점	서울시 동작구 시흥대로 602, 3층 302호 02)858-8744 / 02)838-0653(F)
노원점	서울시 노원구 동일로 1366 삼봉빌딩 지하 1층 02)938-7979 / 02)3391-6169(F)
일산점	경기도 고양시 일산서구 중앙로 1391 레이크타운 지하 1층 031)916-8787 / 031)916-8788(F)
의정부점	경기도 의정부시 청사로47번길 12 성산타워 3층 031)845-0600 / 031)852-6930(F)
인터넷서점	www.lifebook.co.kr